Siedler

Buch

»Dieses Buch ist eine Liebeserklärung an eine vom Aussterben bedrohte Spezies geworden, ein Abgesang auf eine Kultur, die vielleicht gerade dabei ist, zusammen mit ihren Göttern unterzugehen.«

Herbert Riehl-Heyse

Die Gründungszeit der Bundesrepublik war eine Epoche starker Persönlichkeiten, von Menschen, die in den verschiedensten Bereichen Firmen, Institutionen und Imperien aufbauten. Das gilt insbesondere für die Medien: Große Einzelne wie Rudolf Augstein, Gerd Bucerius oder Reinhard Mohn prägten mit ihren herausragenden Zeitungen, Magazinen und Verlagen die junge Demokratie. Sie wurden zu Autoritäten mit ungeheurem Einfluß auf Politik und Gesellschaft.
Diesen »Herren der öffentlichen Meinung« widmet Herbert Riehl-Heyse sein Buch. Der namhafte Journalist hat mit fünfzehn Mediengewaltigen Gespräche geführt, um herauszufinden, wie sie sich, ihre Macht und ihre Verantwortung sehen. Und wie sie wurden, was sie sind. Er porträtiert diese eindrucksvollen Menschen voller Faszination, doch niemals unkritisch: ihre Motive und Leidenschaften, ihre Eigenheiten, auch Einseitigkeiten. Es sind unverwechselbare Persönlichkeiten, die den Geist ihrer Zeit verkörperten. Eine Zeit, die mit dem Einzug stromlinienförmiger Informationsmanager nun womöglich ihrem Ende entgegengeht.

Autor

Herbert Riehl-Heyse, geboren 1940 in Altötting, studierte Jura. Seit 1968 arbeitet er als Journalist, zuerst beim *Münchner Merkur*, seit 1971 meist bei der *Süddeutschen Zeitung*, wo er derzeit leitender Redakteur ist. Riehl-Heyse erhielt zahlreiche Auszeichnungen, darunter den Theodor-Wolff-Preis, den Kisch-Preis und den Medienpreis des Deutschen Bundestages. Zu seinen wichtigsten Buchveröffentlichungen gehören »CSU. Die Partei, die das schöne Bayern erfunden hat«, »Bestellte Wahrheiten« und »Ach, du mein Vaterland. Gemischte Erinnerungen an 50 Jahre Bundesrepublik«.

Herbert Riehl-Heyse

Götterdämmerung

Die Herren der öffentlichen Meinung

Siedler

Umwelthinweis:
Alle bedruckten Materialien dieses Taschenbuchs
sind chlorfrei und umweltschonend.

Siedler Taschenbücher erscheinen im Goldmann Verlag,
einem Unternehmen der Verlagsgruppe Bertelsmann.

1. Auflage
Vollständige Taschenbuchausgabe April 1999

Lektorat: Wolf J. Siedler jr.
Satz: Bongé+Partner, Berlin
Umschlaggestaltung: Design Team München
Umschlagabbildung: IFA-Bilderteam
Made in Germany 1999
ISBN 3-442-75579-4

Inhalt

Vorwort

Vielleicht klingen ja die ständigen Klagelieder über den Niedergang des Journalismus inzwischen schon ein wenig ermüdend – und vielleicht gilt das sogar dann, wenn die Lieder von Journalisten gesungen werden. Jedenfalls dürfte der Neuigkeitswert gering sein, wenn ich hier feststelle, daß es unsereinem (ich bin da ja wirklich nicht allein) schon seit einigen Jahren nicht immer gleichmäßig leicht fällt, den Beruf zu lieben, an dem man andererseits doch ziemlich hängt.

Neu ist, für mich zumindest, schon eher die Erkenntnis, daß es womöglich gar nicht anders geht: Daß man am Vormittag wütend sein muß, wenn man sieht, wie ein vom Landesfürsten eingeladener Hofschreiber der Bild-Zeitung diverse Jubelartikel über den Besuch des bayerischen Ministerpräsidenten im Reich der Mitte apportiert (»Ein wichtiger Tag für die Völkerverständigung: Stoiber aß Schlange«). Und daß man sich am Nachmittag von einem Interview im *Spiegel* anrühren läßt, in dem sich zwei brillante Journalisten mit einem (todkranken) brillanten Journalisten über ihren gemeinsamen Beruf und über den Tod unterhalten. Es gibt eben beides im Journalismus – verdorbene Ware und prima Qualität, es gibt beides schon immer. Und weil das so ist, liegt der Wunsch vielleicht nahe, ein wenig genauer zu untersuchen, unter welchen Bedingungen welche Art von Journalismus jeweils zustande kommt.

Wahrscheinlich aus solchen Gründen habe ich irgendwann damit angefangen, mich für die Älteren zu interessieren: Es war im Jahre 1990, als ich begonnen habe, mit einigen von ihnen Gespräche zu führen und hinterher die Geschichten aufzuschreiben, die nach solchen Gesprächen (und nach Gesprächen mit anderen über sie) entstanden sind. Je mehr mich diese alten Geschichten fasziniert haben, desto mehr habe ich mich für weitere interessiert: Ich habe mit Verlegern geredet, die nach dem Krieg wieder Blätter gegründet, Buchverlage zu Erfolgen geführt, Konzerne geschmiedet haben; mit Rundfunkleuten der ersten Stunde, die in den Sendern der siegreichen Besatzer oft ein freieres Wort sprechen konnten als später unter der Ägide der deutschen Rundfunkräte und Parteikontrolleure; mit großen Journalisten-Kollegen, in deren Schuhen wir zu stehen versuchen (und aus denen wir manchmal schnell wieder heraussteigen, wenn die Schuhe uns nicht passen). Aus der Neugier auf diese Leute, von denen keiner jünger als 66 Jahre alt war, mancher aber 90 und darüber, ist im Laufe von fünf Jahren dieses Buch entstanden. Es hat nicht zuletzt das Ziel, auf die Bedingungen hinzuweisen, unter denen großer Journalismus (und für die Literatur gilt das natürlich erst recht) überhaupt nur entstehen kann.

Die erste Erkenntnis war eine Binsenweisheit, die merkwürdigerweise nur noch gelegentlich in nostalgischen Geburtstagsartikeln und da auch eher am Rande formuliert wird: Es ist die Erkenntnis, daß die erwähnten Bedingungen in der Geschichte unserer Republik meist sehr konkrete Namen hatten: Daß es ohne Augstein keinen *Spiegel*, ohne Bucerius keine *Zeit*, ohne Nannen keinen *Stern* gegeben hätte, liegt genauso offen zutage wie die Tatsache, daß es solche Persönlichkeiten heute immer weniger gibt. Nicht erst seitdem bekanntgeworden ist, daß man die Moderatoren für manchen Berliner Privatsender inzwischen beim Studentenschnelldienst für DM 15 in der Stunde anheuert, ist die Behauptung leider schwer widerlegbar, daß Medienleute (Verleger wie Journalisten) heute sehr viel austauschbarer sind, als sie es in den Anfangsjahren der Republik gewesen sind, und daß sie deshalb auch sehr viel öfter ausgetauscht werden. Dieser Effekt steht vermutlich in einem direkten Zusammenhang mit den mannshohen Plakaten, auf denen von den privaten Fernsehsendern Talk-Show betreibende

Yuppies zu Stars ausgerufen werden, jeweils für ein halbes Jahr.

Nie wäre vor fünfundvierzig Jahren jemand auf die Idee gekommen, den Journalisten Peter von Zahn zum Beispiel auf Litfaßsäulen abzubilden – es wäre aber auch nicht nötig gewesen. Heute ist es anders, und die brandneuen Entwicklungen muß man sich eben doch gelegentlich vor Augen halten, wenn man festhalten möchte, was verlorenzugehen droht. Neu ist, daß Zeitschriften und Zeitungen nun am liebsten in den Marketingabteilungen der Verlage erfunden werden – von Kaufleuten, die, wenn das Produkt nicht zur Zufriedenheit eingeschlagen hat, bei einem Meeting von Werbekaufleuten bekanntgeben, es müßten jetzt »Maßnahmen für eine Kurskorrektur ergriffen werden«, es dürften »aber auch anspruchsvolle Artikel in *Tango* erscheinen«. Neu ist, daß inzwischen schon manche Programmdirektoren öffentlich-rechtlicher Rundfunkanstalten Betriebswirte sind statt Journalisten, und neu ist wohl auch ein Selbstverständnis, das in dieser Offenheit jedenfalls erst in den letzten Jahren formuliert wird: »Medien sind ein Geschäft und sonst nichts«, sagt der Chef der CLT in Luxemburg, Medien sind ein gutes Geschäft, sagt jeder Vorstandsvorsitzende, wenn er auf seiner Bilanzpressekonferenz stolz die Gewinne des Jahres präsentiert. Neu ist endlich, daß es auch in renommierten Verlagen immer unerheblicher zu sein scheint, mit welcher Ware die Gewinne jeweils gemacht werden. Entscheidend ist, daß sie vom Markt akzeptiert wird.

Was den Preis angeht, so muß die Herstellung billig sein: Deshalb läßt eine Reihe von Verlegern ihre Produkte heute von einem journalistischen Volkssturm erstellen, dessen mangelnde Bildung manchmal in einer direkten Korrelation zu dem geringen Entgelt steht, das man ihm bezahlen muß. Die Akzeptanz wiederum hängt von der Qualität nicht ab, weil sie sowieso von Marktforschungsinstituten nach ganz anderen Kriterien getestet wird. Fachleute erzählen, das Verlagshaus Heinrich Bauer – das insoweit seiner Zeit schon sehr lange voraus ist – habe bereits Anfang der siebziger

Jahre damit begonnen, die jeweilige Herstellung ihrer Illustrierten davon abhängig zu machen, ob 150 ausgewählte Leser einen bestimmten Artikel lieber auf gelbem, grünem oder blauem Hintergrund lesen wollten. Das Institut, das diese Qualitätsprüfung erfunden hat, ist noch immer gut im Geschäft.

Nun haben auch Journalisten überhaupt nichts gegen Geschäfte, schon gar nicht gegen die ihrer Verleger, von denen sie ihr möglichst gutes Gehalt beziehen und ein Mindestmaß an erfreulichen Arbeitsbedingungen zur Herstellung ihrer Artikel. Nur ist Journalismus mehr als ein normales Geschäft, schon weil anders nicht zu rechtfertigen wäre, daß das journalistische Produkt im Jahre 1949 unter den besonderen Schutz des Grundgesetzes gestellt worden ist. Es hat Zeiten gegeben, in denen das alle Beteiligten so gesehen haben.

Zurück also zu diesen fernen Zeiten, zurück in die Jahre, in denen Verleger am Werk gewesen sein sollen, die wegen einer schlimmen Falschmeldung in ihren Zeitungen in Tränen ausgebrochen sind und über einen wirklich gelungenen Satz eines ihrer Autoren in Verzückung gerieten – selbst wenn dieser Autor nur zehn Sätze in einer Woche zu Papier gebracht hätte. (Von Rudolf Augstein heißt es, bei ihm sei eine großartige Reporterin angestellt gewesen, die nur alle zwei Jahre einen längeren Artikel zu Papier gebracht habe; wenn der aber erschienen sei, dann habe der Verleger bei ihr angerufen und ihr seine Begeisterung zu Füßen gelegt.) Andere Zeitungsbesitzer wiederum soll es gegeben haben, die nachts wegen des Kummers um ihre Zeitung nicht mehr schlafen konnten – aber nicht, weil im Konkurrenzorgan eine doppelseitige Anzeige plaziert war, die man selber nicht hatte, sondern weil dort eine wirklich gute Geschichte stand, die das eigene Blatt verpaßt hatte.

Daß die letzten Passagen im Imperfekt gehalten waren, war natürlich nur ein Kunstgriff. Augstein lebt ja erfreulicherweise, die erwähnte Reporterin ist noch immer beim *Spiegel* – und schon die Gerechtigkeit erfordert die Anmerkung, daß ihr berühmter Verleger manchmal Redakteure aus dem Blatt gejagt hat, weil sie zwar gut schreiben oder redigieren konnten, ihm aber im falschen Moment widersprochen haben. Überhaupt sollte man sich vor der Versuchung hüten, die vergangenen Zeiten allzu rosig auszumalen und den Gründerfiguren der deutschen Medienszene – das Wort hätte damals, als alles wieder anfing, noch keiner verstanden – Heiligenscheine um den Kopf zu drapieren, nur weil sie jetzt alt geworden sind. Was die Jahre vor 1968 angeht, so waren sie mindestens für die Journalisten der Provinzpresse vermutlich noch ein Stück schwerer erträglich als die jetzigen: Gestandene Kollegen erinnern sich noch gut an die Jahre, in denen ihnen zwischen Passau und Flensburg Verleger oder Chefredakteure – manche von ihnen bewährte Nazi-Schriftleiter – ihre fertigen Leitartikel aus dem Schiff rissen, wenn sie, Gott behüte, zu sozialdemokratisch geraten waren oder den örtlichen Kaufhausbesitzer beleidigten, der wieder Anzeigen plazieren sollte am nächsten Tag. Und auch was die Großen angeht, die in diesem Buch vorgestellt werden, wird man nicht unterstellen müssen, daß es den Männern (und den wenigen Frauen), die nach 1945 den Journalismus in Deutschland wieder auf die Beine gestellt haben, ausschließlich um das freie Wort und seine Bedeutung für die Demokratie gegangen sei.

Angetrieben haben sie natürlich auch jene Motive, die, unter anderen, die sonstigen großen Gründerfiguren der Republik angetrieben haben: Berühmt wollte man werden und reich wollte man auch werden – und das um so dringender, je kleiner die Verhältnisse waren, aus denen der junge Fred Luchsinger in Zürich, der junge Hans Dichand in Wien, der junge Siegfried Unseld in Frankfurt sich gerade hochzustrampeln begannen. Sie strampelten um so unbefangener, als sie ohnehin keine Ahnung haben konnten, welche, auch ökonomischen, Höhen manche von ihnen eines Tages erklimmen würden; und sie strampelten um so aussichtsreicher, als in Sachen Medien in Deutschland und Österreich alles von vorn beginnen mußte, weil gerade auf diesem

Gebiet das Angebot der Nachfrage nicht einmal ansatzweise entsprechen konnte. Die meisten Zeitungsverlage waren kaputt oder enteignet, die Rundfunkanstalten zerschlagen, die Filmstudios zerstört, aber der Hunger nach freien Zeitungen, Rundfunksendungen, Filmen war unendlich groß. So war es ein ziemlich leerer Tisch, auf dem die Karten des Mediengewerbes neu gemischt wurden. Für tüchtige Glücksspieler die denkbar beste Situation.

Es würde sich lohnen (aber die Möglichkeiten dieses Buches bei weitem sprengen), nach den Charakteristika zu suchen, die den Größen der deutschen Nachkriegszeit gemeinsam waren – nicht nur Verlegern und Filmproduzenten, sondern genauso jener Sorte von Wirtschaftsführern und Politikern, die es heute ebenfalls so nicht mehr gibt. Bestimmt war das oben erwähnte Glück ein gemeinsamer Nenner – in der Medienbranche kann man das besonders gut zeigen; die Lizenzen zum Beispiel, die nach dem Krieg von Amerikanern, Briten und Franzosen für das Verlegen von Zeitungen vergeben wurden, hätte man ziemlich genausogut gleich mit Hilfe einer Lotterie verteilen können, wenn man nur die schlimmsten Nazis von den Ziehungen ausgeschlossen hätte.

Aber das hieß ja nicht, daß jeder Lotteriegewinner sein Glück gemacht hätte: Die Zahl der bald wieder eingestellten neuen Zeitungen, der vom Markt geflogenen Illustrierten ist Legion, und wenn man sieht, welche Produkte überlebt haben, wird man an der Vermutung nicht vorbeikommen, daß da einige der frühen Helden einiges ein wenig richtiger gemacht haben als andere. Aber auch da muß man nicht übertreiben: Wie generell beim Kampf ums Dasein sind bei weitem nicht immer die Besten in den Kämpfen der ersten Jahre übriggeblieben, die Verleger der schönsten Literaturzeitungen, der Blätter mit den intelligentesten Reportagen. Die Stärksten freilich werden es in der Regel schon gewesen sein, die sich durchgesetzt haben. Und ein paar Genies waren auch darunter, Genies, die zusätzlich gut vorbereitet waren auf die Herausforderungen, die sie in ihren wichtigsten Jahren erwarten sollten.

Es ist, vor allem im Zusammenhang mit der Klage, dem Lande würden zunehmend große Politiker fehlen, gelegentlich auf den Unterschied zwischen einer Karriere und einer Biographie aufmerksam gemacht worden. Es sei eben nicht dasselbe, hat man dann gesagt, ob jemand auf sein politisches Amt durch seine Jahre als junger Revolutionär, Emigrant oder Frontsoldat eingestimmt worden sei oder durch eine planmäßig sich entwickelnde Laufbahn in Partei und Gewerkschaft.

Das ist zweifellos eine richtige Erkenntnis – und eine problematische ist es auch, weil sie zu dummen Romantisierungen mißbraucht werden kann: Als müßte man in Stahlgewittern groß geworden sein, um später ein Großer zu werden; und als hätten alle so aufgewachsenen »Großen« die Herausforderungen ihres Lebens gleich ehrfurchtgebietend bestanden. Sowenig es aber Sinn hat, Wehner und Adenauer, Brandt und Strauß gemeinsam auf denselben Altar zu stellen, sowenig bringt das etwas bei den Selfmademen der Wirtschaft, von Friedrich Jahn bis Gustav Schickedanz und Josef Schörghuber, oder bei den Tycoons von Augstein bis Mohn und Bucerius. Es ist schon sehr nötig, daß man sich die Biographie jedes einzelnen genau anschaut und sehr individuell beurteilt.

Dieser Vorspruch ändert nichts an der Erkenntnis, daß man vermutlich doch eine besondere Art Journalist und Verleger wird, wenn man einen Krieg und eine brutale Diktatur überlebt hat und nun mit seiner Arbeit verhindern will, daß sich so etwas jemals wiederholt; wer diese Verantwortung auf dem Buckel hat, wird über Politik anders schreiben und schreiben lassen als der junge Zeitungsmacher, der ein wenig zu oft mit Staatsmännern vom Schlage Möllemann zu Mittag gegessen hat, um Politik noch immer ganz ernst nehmen zu können. Und richtig ist wohl auch, daß eine bestimmte Generation mit Hilfe ihrer speziellen Mischung aus Lebenserfahrung und Lebensgier auf das Schmieden des eigenen Glückes sehr viel besser vorbereitet worden ist, als es die Betriebswirtschaftsfakultäten unserer Universitäten vermögen oder die Trainee-Jahre an der Seite mächtiger Vorstandsmitglieder oder Minister, in welchem Fall man den Trainee einen persönlichen Referenten nennen würde. Die Karrieren deutscher Politiker, Kaufhausmanager, Fernsehkanalbetreiber sind heutzutage, um das mindeste zu sagen, oft ein wenig vorhersehbar. (Inzwischen verleiht es einem Politiker geradezu menschliche Züge, wenn er wenigstens über eine klcine Affäre gestolpert ist und sich dann davon einigermaßen erholt hat.)

Kalkulierbar war so gut wie nichts von dem, was die fast alle verblüffend jungen, ansonsten aber sehr unterschiedlichen Protagonisten dieses Buches gemacht haben. Es ist vermutlich kein Zufall, daß viele der hier vorgestellten Porträts von Menschen handeln, die sich ein ganzes Berufsleben lang nicht so recht entscheiden konnten, ob sie nun eher Journalisten seien oder Verleger, Schriftsteller oder gar – wie in den Fällen Bucerius und Augstein – Politiker. Was sie fast alle gemeinsam hatten, war eine nicht zu bremsende Lust, sich einzumischen in die öffentlichen Angelegenheiten, die sie in einer den Zynikern von heute kaum mehr vorstellbaren Weise ernst nahmen.

Wenn und insoweit sie sich als Publizisten einmischen wollten, bedurfte es dazu vor allem zweier Voraussetzungen: Erstens brauchte man ein wirtschaftlich gesundes Medium, am besten ein eigenes, und zweitens – aber das ist natürlich eine Berufskrankheit, ohne die es nicht geht – die absolute Gewißheit, auch etwas zu sagen zu haben. Drittens war dann auch das Kaufmännische wichtig, natürlich – aber interessant ist es schon, daß von Buchhaltung und Marktstrategien so gut wie keiner meiner Gesprächpartner zu Beginn seiner Karriere etwas verstanden hat. Mehr noch, es scheint sie auch nur mäßig interessiert zu haben.

Auch das war eine überraschende Erkenntnis bei meinen Gesprächen mit den erfolgreichsten Blattmachern und Verlegern der Nachkriegszeit: Wie wenig die allermeisten von ihnen gegen Ende ihrer Laufbahn von Schachtelbeteiligungen reden mögen, von Marktsegmenten, von der Notwendigkeit, mit ihrem Unternehmen an die Börse zu gehen; auch von den Gewinnen des eigenen Unternehmens ist seltener die Rede, als man das erlebt, wenn man mit angestellten Managern spricht. Reden mögen meine Gesprächspartner statt dessen vom Journalismus, von der Möglichkeit, mit Hilfe von Zeitungen und Magazinen, Rundfunksendungen, Büchern und Filmen die Welt zu bewegen oder sie zu erklären oder wenigstens die Kollegen zum Staunen zu bringen. Und von ihrer Jugend reden sie, jener längst vergangenen Zeit, die von Jungvolkführern bevölkert wird und von ratlosen Vätern, von fanatischen Nazis und von Soldaten aller Art, mit denen zusammen man so lange durch Europa zieht, bis man sich, zum Beispiel, eines Tages im Meer schwimmend wiederfindet, wo man mit letzter Kraft versucht, nicht zu ersaufen. Wer diese Geschichten nicht gehört hat, wer nicht weiß, wie sehr jene schrecklichen zwölf deutschen Jahre das Leben einer ganzen Generation für immer geprägt haben, der wird auch nicht verstehen können, was diese Generation später aus ihrem Leben gemacht, warum sie es so und nicht anders getan hat; und warum manches keinen Bestand haben wird, wenn sie einmal nicht mehr da sind.

Die Generation hat nämlich nicht nur diese Vergangenheit gemeinsam, sondern auch die Probleme mit der Zukunft. Jede einzelne Person, mit der ich im Laufe der letzten fünf Jahre für dieses Buch geredet habe, ist bei der Wanderung zwischen ihren vielen Welten zu Vermögen gekommen, zu Ruhm und zu Ehrungen aller Art – und viele von ihnen müssen nun feststellen, daß man zwar sehr gut den Reichtum weitergeben kann an die Söhne und Töchter, auch den weithin schallenden Ruf eines Namens, aber nicht die Leidenschaft, mit der man selber Zeitungen und Bücher gemacht, verlegt, geschrieben hat. Und nicht das Talent.

Noch eine spannende Erfahrung: Daß sich gerade die Großen so schwer tun, aufzuhören, ihr Erbe weiterzugeben, ihren Kindern überhaupt zuzutrauen, sie seien den Aufgaben gewachsen, auf die man sie in all den teuren Internaten und Business-Schools vorbereitet hat. Womöglich sind das manche der Erben wirklich nicht, sowenig wie es manchmal die häufig wechselnden Verlagsmanager sind, die allerdings auch deshalb so häufig wechseln, weil einige Gründer es nicht leiden mögen, wenn in ihrem Schatten einer zu mächtig wird.

Auch aus solchen Gründen ist das Buch in manchen Teilen eine Liebeserklärung an eine vom Aussterben bedrohte Spezies geworden, ein Abgesang auf eine Kultur, die vielleicht gerade dabei ist, zusammen mit ihren Göttern unterzugehen. Und in anderen Teilen der Versuch einer Beschreibung dessen, was auf uns zukommen könnte, wenn in unserem Beruf nur noch die Geschäftemacher das Sagen haben würden und die coolen Redakteure, die nach dem fünften vergeblichen Relaunch ihres Blattes in eine Werbeagentur wechseln, oder die Filmhändler, die sich ganze Zeitungsimperien kaufen, damit in deren Blättern dann ihre Filme besser besprochen werden.

Noch ist es nicht soweit, und vielleicht kommt ja auch alles nach der nächsten Wegbiegung wieder ganz anders. Für diesen Fall brauchen die Straßen, die in die richtige Richtung führen, ein paar Namen. Ein paar Anregungen dafür bietet dieses Buch.

Hans Abich oder:
Die ansteckende Wirkung

Das erste Mal bin ich ihm im Oktober 1971 begegnet – da war ich ein ziemlich neugebackener Münchner Reporter, der bei diversen Interviewterminen hoffte, es möge ihm jemand das exotische Bremen erklären. Einer der ergiebigsten Gesprächspartner war damals ein kleingewachsener lebhafter Herr mit strahlenden Augen und einer schiefen Schulter, die man nach wenigen Minuten schon wieder vergessen hatte – wenn er nämlich erst einmal so richtig zu erzählen angefangen hatte von der reichen Kaufmannsstadt und warum dort trotzdem traditionell die Arbeiterpartei die Regierenden stellt.

53 Jahre alt muß er damals gewesen sein, rechne ich aus, als ich ihm jetzt wieder gegenübersitze, in seiner schönen Wohnung am Neuwittelsbacher Rondell in München: einem kleingewachsenen lebhaften Herrn, der wunderbar erzählen kann und Details aus siebzig Lebensjahren abruft, als läse er täglich zwei Stunden in einem lebenslang geführten Tagebuch. Auch von der schiefen Schulter ist übrigens bald die Rede: Sie stammt, sagt er, von einer Kinderlähmung, die bei ihm ausgebrochen sei, als er elf Jahre alt war: In einem Kinderlandheim hatte es nicht genug Betten gegeben, da seien Kinder gesucht worden, die freiwillig im zugigen Keller schliefen, er hätte sich da lieber nicht melden sollen. »Da waren wohl die Widerstandskräfte nicht mehr so groß«, sagt der alte Herr und macht nicht den Eindruck, die falsche Entscheidung habe ihm sein Leben zerstört.

Hans Abich ist in der Republik nicht so weithin berühmt geworden wie zum Beispiel – wen nehmen wir nur? – Werner Höfer vielleicht oder Luggi Waldleitner, den Münchner Großvater des deutschen Kinos. Trotzdem ist er mindestens so wichtig gewesen wie diese beiden, die hier ja auch nur deshalb genannt worden sind, weil Abich sich beim Fernsehen *und* beim Film hervorgetan hat, auf den beiden Feldern also, auf denen die berühmten zwei zu Figuren der deutschen Nachkriegsgeschichte herangewachsen sind. Abich war nach dem zweiten Weltkrieg einer der allerersten und einflußreichsten deutschen Filmproduzenten, und danach war er ein wichtiger deutscher Fernsehmann, am Ende Programmdirektor der ARD in München. In diesen Münchner Jahren erwarb er sich, schreibt das Munzinger-Archiv, »ein fast legendäres Ansehen als einer der fähigsten und geistreichsten Köpfe im deutschen Rundfunk«.

So war das wohl wirklich – und sagt noch nicht viel. *Eine* Sache ist es ja, daß das Munzinger-Archiv mit seiner Einschätzung sicherlich recht hat. Eine andere ist es, daß man als Jüngerer, der die Glanzzeiten der ARD wie des deutschen Nachkriegsfilms nicht mehr so recht erlebt hat, schon gerne wüßte, wie man sich einen solchen Ruf erwirbt, was man dafür gelernt haben und was man mitbringen muß. Und dann wüßte man noch gerne, ob es einen Zusammenhang gibt zwischen der schon seit einigen Jahren anhaltenden Krise der ARD und der Tatsache, daß über gegenwärtige Rundfunkchefs nicht häufig solche Sätze formuliert werden. Vielleicht, denken wir uns gerade noch, ist eine solche Vermutung auch ganz ungerecht …

… Aber da ist Hans Abich schon beim Erzählen. Erzählt von den Kinderjahren in Niederschlesien, wo der Vater irgendwo zwischen Görlitz und Bautzen als Gutsverwalter gearbeitet hat, erzählt von der Zwergschule mit den Klassen eins bis acht, in der er, als der Gescheiteste, darauf achten mußte, »daß der Mitschüler Wilhelm sich am Brunnen die Füße wäscht«, erzählt von den Wochen und Monaten nach seiner Erkrankung, in denen er unter der Anleitung seiner Mutter ganz langsam wieder gelernt hat, sich zu bewegen. Und noch etwas anderes hat er damals gelernt: Der Vater hatte inzwischen einen Job auf einem Gut in der Mark Brandenburg, auf dem es viel Besuch gab. Da mußten gelegentlich Damenreden gehalten werden, der junge Hans wurde spaßeshalber zum stellvertretenden Damenredner ernannt – und wer den alten Abich sechzig Jahre später bei irgendeiner Geselligkeit erlebt hat, bei der er um ein paar spontane Sätze gebeten wurde, ist noch heute dankbar für die Ausbildung auf einem Gut östlich der Oder, nahe Stettin.

Abich ist dann aufs humanistische Gymnasium gegangen in Königsberg/Neumark, hat 1934 – wieder einmal operiert – krank daniedergelegen, als draußen in der Folge des sogenannten Röhmputsches geschossen wurde (und hat es sich später »sehr übelgenommen, daß ich da noch nicht kapiert habe, was sich anbahnt mit dem Hitler«). Zwei Jahre später hat er es kapiert: Das war, als er mit seinem Jungvolkzug durch die Straßen zog und hörte, wie vor ihm die Kameraden schrien »Spießer verrecke«. Da habe es ihn, sagt er, in der Kehle gewürgt, schnell habe er seine Kohorte umdrehen lassen. Daß er es, wie so viele andere seinerzeit, nicht leicht gehabt hatte, zu verstehen, was verstanden werden mußte, lag an seiner Erziehung. Mit der Republik von Weimar hatte die Familie nicht viel im Sinn gehabt, mindestens der Vater war von Hause aus ein Konservativer, der eine Zeitlang in Hitler durchaus eine Möglichkeit gesehen hatte. Die Bekannten, mit denen die Familie verkehrte, waren ohnehin eher Deutschnationale.

Der Junge machte 1937 in Königsberg Abitur, ging dann nach Berlin, um Jura zu studieren, am liebsten mit dem Berufsziel preußischer Landrat, aber das ging ja nicht, da hätte man in der Partei sein müssen, »und die Liebe zu den Nazis hatte schon aufgehört«, spätestens nach der schrecklichen Pogromnacht im Jahre 1938. Noch größer wurde die Abneigung im Verlauf des Studiums, in dem er zwar einerseits mit Lehrern wie Carl Schmitt zu tun hatte (»der hatte schon sehr viel Verständnis für die Macht«), aber eben auch mit unabhängigen Köpfen wie Hans von Dohnanyi und vor allem Albrecht Haushofer, die später diese Unabhängigkeit mit ihrem Leben bezahlten. Nach dem ersten Staatsexamen 1943 kam er als Referendar nach Salzburg, wo ihm ein Richter erklärt hat, daß man keine Terrorurteile zu fällen brauche, wenn man die eigene Karriere zurückstelle. Er habe, sagt er, bei den Vernehmungen von Angeklagten eine Menge gelernt, zum Beispiel, daß die Akten meist viel gnadenloser formuliert gewesen seien, als der Sachverhalt sich darstellte, wenn man mit den Leuten selber geredet hatte.

Dann war der Krieg zu Ende, die Uhren waren angehalten und neu eingestellt auf die berühmte Stunde Null. Auch darüber haben wir Nachgeborenen ja eine Menge gelesen, haben uns erklären lassen, diese Stunde habe es in Wahrheit gar nicht gegeben, denn natürlich hätten nach einer kleinen Verschnaufpause gleich wieder die alten Reaktionäre und Immer-schon-Reichen nach der Macht gegriffen, die sie in Wahrheit nie richtig aus den Händen gegeben hätten. Wenn das stimmt, dann stimmt es vermutlich nur zur Hälfte: Immerhin auf den Feldern, auf denen die öffentliche Meinung gedieh, hatten die Jungen eine große Chance. Und manche haben sie sogar genutzt.

Die schönsten Geschichten aus jenen Jahren sind für mich schon immer die, in denen mir jemand von den sogenannten Zufällen erzählt, denen es zu verdanken sei, daß man in kürzester Zeit etwas auf die Beine hat stellen können. Im Leben des Hans Abich hieß der Zufall Rolf Thiele, welcher ein junger Mann war, den Abich in Berlin beim Studieren kennengelernt hatte und den er eines Tages im oberbayerischen Starnberg traf, wohin es Freund Abich verschlagen hatte: Filme müsse man machen, hatte Thiele gesagt, und Abich hatte das eingeleuchtet.

Danach war alles ganz einfach: Die beiden haben sich nach Göttingen durchgeschlagen, weil dort die Familie Abichs vermutet wurde, haben sich im Haus einer Tante niedergelassen, die ihnen vergeblich zu erklären versuchte, das Gebäude sei voll; sie waren genau einen Tag da, als sie in der Zeitung von dem niedersächsischen Kultusminister Adolf Grimme lasen. Zu dem müßten sie hin, beschloß Abich, den Namen kannte er nämlich schon, so wie ihn offenbar sehr viele gekannt haben, die in jenen Jahren Ideen hatten und etwas gründen wollten. Es klappte auch, ein wenig: Die Denkschrift zur Neugründung des deutschen Filmwesens, die die beiden jungen Herren verfaßt hatten und ihm nach endlosem Warten aushändigten, nahm Grimme immerhin entgegen, ansonsten half er ihnen nur noch damit, daß er ein paar Adressen wußte. Kurze Zeit später lernte Thiele eine Frau kennen, die einen Mann kannte, der jemanden bei der Vereinsbank in Hannover kannte. Von dem bekamen sie einen Kredit über 900 000 Mark und die Erlaubnis, eine Nacht in den Polstergarnituren der Bank zu verbringen. Als spät nachts die Polizei vorbeikam und sich wunderte, warum zwei junge Herren gerade Einlaß begehrten in eine Bank, teilten die ihnen mit, sie wohnten hier.

So war das damals. »Wir waren ganz besessen von unserer eigenen Aktivität«, hat Abich sehr viel später aufgeschrieben, »wir phantasierten in der neuen Gegenwart herum und handelten ohne jede Pause. Und konnten handeln, weil wir ansteckend wirkten.« (Er hat das übrigens 1980 geschrieben, zu einer Zeit, in der die öffentlichen Hände in ungefähr jedem Bundesland und in Bonn sich gar nicht bremsen konnten, immer noch einen neuen Fördertopf einzurichten, mit dessen Geldern die vielen neuen deutschen Filme produziert wurden, die dann leider ziemlich wenig Leute sehen wollten: Die Töpfe wirkten offenbar nicht so ansteckend.) Die ansteckende Art der Herren Abich und Thiele führte zur Gründung der »Filmaufbau GmbH« in Göttingen.

Stunde Null also, in der man nicht nur wagemutig und phantasievoll, sondern auch unerfahren und naiv war, was beides nicht nur schlechte Eigenschaften sind, ein bißchen aber doch. Was die neuen Göttinger Filmproduzenten anging, so entdeckten sie als erstes in ihrer Stadt eine ehemalige Flugzeughalle, aus der sie sofort ein Filmstudio machten, statt erst einmal Studios zu mieten und abzuwarten, was werden würde. Die zweite naive Vorstellung – die sie freilich mit einigen ihrer Kollegen von damals gemein hatten – war die, daß die Deutschen Filme sehen wollten, die ihre jüngste Vergangenheit aufarbeiteten. So war das überhaupt nicht: Der erste Film der Göttinger Aufbau hieß »Liebe 47«, war von Wolfgang Liebeneiner nach Borcherts »Draußen vor der Tür« gedreht worden – und wäre beinahe ihr letzter gewesen, obwohl er, mit Hilde Krahl und Karl John, »einer der ernstzunehmendsten und ernsthaftesten Zeitfilme der deutschen Nachkriegsära« war, wie das Lexikon des Internationalen Films viele Jahre später schreiben sollte. Die Leute gingen nur nicht hinein, was auch deshalb einer Katastrophe gleichkam, weil Liebeneiner die Kosten gnadenlos überzogen hatte. Die Anekdote zum Film geht so: Abnahmevorführung von »Liebe 47« beim Verleiher Panorama in Göttingen, der Verleiher sagt zu Liebeneiner, der Film sei zu lang, der erwidert, man könne einem Adler nicht die Flügel stutzen. Darauf der Verleiher: »Ich habe bei Ihnen keinen Adler bestellt, sondern ein Suppenhuhn.«

Die Aufbau hat den Absturz des Adlers dann doch überlebt, wieder haben ein paar Zufälle geholfen. Zufällig hat bei einer Tagung im Hotelbett neben Abich – so war das damals – der Regisseur Harald Braun gelegen, zufällig hatte der einen Stoff zur Hand, den seine eigene Münchner Firma nicht produzieren wollte, zufällig hat Abich die evangelische Kirche dazu überreden können, sich an der Produktion des Stoffes zu beteiligen, weil sich zufällig Martin Niemöller dafür begeistert hatte: So enstand »Nachtwache«, mit Luise Ullrich, Hans Nielsen und dem noch völlig unbekannten Dieter Borsche, dessen Foto Harald Braun aus der Kartei einer Münchner Agentur geklaut hatte. Ein neuer Star war geboren, und die Göttinger hatten ihren ersten großen Erfolg, dem noch viele folgen sollten: »Wir Wunderkinder« zum Beispiel, »Felix Krull« und die »Buddenbrooks«.

Was ist das wirklich Spannende an einer solchen Erfolgsgeschichte? Für mich ist es die Frage, wer da jeweils Erfolg hat und mit welchen Mitteln. Nichts hat es ja damals gegeben, keine Filmhochschule, keine Chance, in Hollywood Daryl F. Zanuck über die Schulter zu schauen oder Billy Wilder. Und da kommen zwei Laien in die »Weltstadt« Göttingen und stampfen dort eine Filmproduktion aus dem

Boden, mit guten Ergebnissen mindestens bis Anfang der sechziger Jahre. Wie also haben Sie das gemacht, Herr Abich?

Er hat es so gemacht, daß er sich etwas getraut hat – und daß er es auch wieder gelassen hat, sobald er erkannt hat, was er nicht kann. Sein Kompagnon war genauso: Thiele ist auf diese Weise einer der wichtigsten Regisseure des deutschen Nachkriegskinos geworden – was übrigens nicht ausschließt, daß er auch ziemlich viel Schund gedreht hat, mit miserablen, spekulativen Stoffen; Abich wiederum hat gelernt, Drehbücher zu beurteilen, Finanzierungen zusammenzubringen, Projekte zu retten, die in Momenten zu platzen drohten, in denen schon sehr viel Geld in sie gesteckt worden war. Was er nicht konnte, merkte er, als er eines Tages einem Verleiher ein selbstverfaßtes Treatment in die Hand drückte und der ihn nach der Lektüre besorgt einen Moment ansah, um dann zu sagen: »Lassen Sie das, Sie werden vielleicht ein guter Produzent.« Um dieses endgültig und fürs Leben zu werden, hatte Abich wiederum wohl nicht die Nerven: Als über der Produktion eines Streifens mit dem Titel »Ohne dich wird es Nacht« wieder einmal beinahe die Firma Pleite gemacht hätte, wußte er: »Diese Branche werde ich eines Tages verlassen.« Es war im übrigen eine Branche, die ihre Scheinblüte nach dem Krieg schon hinter sich hatte, die langsam ahnte, daß sie nicht mehr mithalten konnte mit der Konkurrenz vor allem aus den USA, der es nicht zuletzt an guten Autoren fehlte: »Vor allem die jüdischen Temperamente haben gefehlt«, sagt Abich, »die haben wir umgebracht, vertrieben.« Es folgte die nächste Generation von Filmemachern, die den Opas aus Göttingen, München oder Berlin erst einmal »einen Tritt gab« (Abich), ohne schon viel Eigenes vorweisen zu können.

Abich verließ den Film und ging, das war 1960, zur Konkurrenz, der es überaus gutging. Er wechselte in die heile, glückliche Welt der ARD, die auch deshalb glücklich war, weil man damals noch Leute in hohen Positionen gebrauchen konnte, die nicht von einer Partei empfohlen worden

»Diese Branche werde ich eines Tages verlassen.« Das Photo zeigt den späteren ARD-Intendanten und Programmdirektor des Deutschen Fernsehens Hans Abich während seiner Zeit als Filmproduzent (hier mit dem Schauspieler Hansjörg Felmy bei den Dreharbeiten zu dem Film »Der Mann, der sich verkaufte«).

waren, die nicht einmal Mitglieder einer Partei waren. Wenn man bedenkt, daß Abich Fernsehen und Runfunk nie gelernt, dafür aber den NWDR schon sehr früh genossen hatte, als »Bildungsstätte der Demokratie«, wie er sagt, scheint es damals wenigstens in Ausnahmefällen doch andere Kriterien für Karrieren gegeben zu haben, als man sich das heute vorstellen kann: Es genügte in diesen Fällen offenbar, daß einer erkennbar ein heller Kopf war und kultiviert und ein großartiger Vermittler. Nach einem Jahr als Programmberater in Bremen wurde er dort Programmdirektor Hörfunk und Fernsehen, 1962 Stellvertreter des Intendanten, 1968 Intendant. Weitere fünf Jahre später war er der Programmdirektor der gesamten ARD, mit Sitz in München, wo man dringend jemanden brauchte, mit dem in den Konflikten zwischen roten und schwarzen Sendern alle Seiten reden konnten, ohne gleich erwarten zu müssen, er petze das der gegnerischen Partei. Mit anderen Worten: Abich war von der Position wie von seinem Gewicht her einer der wichtigsten Männer des Systems.

Als er im Jahre 1960 hinzugestoßen war, war die ARD in der Blüte ihrer Jahre: Das ZDF war noch nicht gegründet, an eine private Konkurrenz überhaupt nicht zu denken, Geld war soviel vorhanden, daß die großen Anstalten den kleinen fast gerne davon abgaben. Es sei, sagt Abich, auch die große Zeit des Föderalismus damals gewesen und einer Demokratie, in der auch der Vertreter eines kleinen Senders gehört wurde, sofern er gute Argumente hatte. Bedeutende Köpfe waren damals in den Spitzen der Rundfunkanstalten, Musensöhne wie der Müncher Programmdirektor Clemens Münster oder sein Kölner Kollege Arnold, politische Schwergewichte als Chefredakteure wie Peter Pechel vom SFB oder Hans Heigert vom Bayerischen Rundfunk. Und ganz oben an den Spitzen der Sender gab es Männer wie Christian Wallenreiter, der vorher Ministerialdirigent im Bayerischen Kultusministerium gewesen war und dann einer der besten, unbestechlichsten Intendanten wurde, den die ARD je gehabt hat. Abich hat von ihm in einem Aufsatz geschwärmt, als Wallenreiter aus dem Amt ging: »Der Anspruch auf freie Arbeit im Rundfunk und auf die Wahrnehmung der damit verbundenen Rechte war ihm soviel wert ... daß er in seinem letzten Amtsjahr das gute Verhältnis zur Mehrheit im Bayerischen Landtag aufgab, als er die Parlamentarier der CSU auf rundfunkpolitisch falschem Wege sah.«

Was Abich da so zurückhaltend formuliert, führt er im selben Aufsatz noch präziser aus, wenn er davon spricht, gewisse Tugenden der Führungspersonen alter Zeiten seien gerade dabei, aus der Mode zu kommen: »Gerechtigkeit gegenüber der Meinung am anderen Flügel ..., das Standhaft-Unbequeme gegenüber Gruppen, Parteien und Ideologien«; gefragt sei statt dessen immer mehr »der opportunistische Konsens mit den Einflußreichen in den Aufsichtsgremien ..., mit Personalräten, Gewerkschaftsinteressen«.

Man merkt aus solchen Sätzen eines sehr vornehm formulierenden Herrn, daß in jenen Jahren gerade der langsame Niedergang der ARD begann, den einerseits vor allem die Parteien zu verantworten hatten, andererseits aber auch die Rundfunkleute, die sich ihnen an die Brust geworfen haben. Früher, so erinnert sich Abich, habe er mit Mühe seinen Bremer Intendanten davon abhalten können, einen Redakteur, der einen größeren Bock geschossen hatte, rauszuwerfen, weil der, wie der Intendant sagte, »in meiner Partei ist und ich mir nichts nachsagen lassen will«. Von solchen Skrupeln war nun nicht mehr die Rede, nachdem die Parteien die Sender in den Griff bekommen hatten: Irgendwann wurden Parteifreunde nicht mehr gefeuert, sondern, sofern sie ihrer Partei nur genug Freude machten, auf eine der vielen Positionen befördert, die man in den Rundfunkräten inzwischen erfunden hatte. Als endlich die meisten Redakteure als Unterabteilungsleiter, Abteilungsleiter, Hauptabteilungsleiter, Chefredakteure untergebracht waren, meldeten sich die Politiker zu Wort und fanden die ARD viel zu aufgebläht.

Aber da war Hans Abich schon in Pension, die schlimmsten Tage der plötzlich für überflüssig erklärten ARD hat er nur noch von außen erleben und kommentieren müssen, das

Die Filmproduktion aus dem Boden gestampft: Hans Abich im Jahre 1988 bei der Feier seines 70. Geburtstages mit Ruth Leuwerik und Margot Hielscher, zwei Hauptdarstellerinnen seiner frühen Filme.

allerdings mit nie nachlassendem kritischem Verstand. Inzwischen hört es sich schon an wie eine Geschichte aus uralten Zeiten, wenn man sich von Abich erzählen läßt, worum es in den siebziger Jahren gegangen ist, wenn die Verantwortlichen des ersten deutschen Fernsehprogramms miteinander in Streit gerieten: Nicht über Quoten hat man sich damals auseinandergesetzt, nicht über Marktanteile und die Frage, mit wieviel Geld man den Fernsehkünstler Harald Schmidt vielleicht doch beim WDR halten und von einer Übersiedlung zu SAT.1 abhalten könne. Statt dessen wurde um Inhalte gestritten, über die Frage zum Beispiel, was man im Fernsehen dürfe und was nicht. Als Abich schon nicht mehr dabei war, im Jahre 1989, hat er einen spannenden Aufsatz über sogenannte Tabuverletzungen geschrieben, unter anderem über den heftigen Streit, den die Ausstrahlung eines Fernsehfilms (»Die Konsequenz«) über homosexuelle Liebe zwischen den verschiedenen Anstalten, vor allem zwischen WDR und BR ausgelöst hatte. Tabus zu brechen, hat er da gesagt, sei noch kein Wert an sich, es komme eben in erster Linie auf den inhaltlichen Grund und die stilistische Meisterung an. Und hat nicht wissen können, daß ein paar Jahre später seine Art Fernsehen würde konkurrieren müssen mit täglichen Talk-Shows, die davon leben, daß jemand sein Leben als Exhibitionist erzählt oder freimütig (»jetzt weiß sie es«) seiner Ehefrau via Fernsehen erzählt, er habe sie ein Leben lang eigentlich immer betrogen.

Wenn Hans Abich jemand wäre, der zur Resignation taugt, könnte man auf den Gedanken kommen, daß er dafür jetzt gelegentlich ein paar gute Gründe hätte: Es muß ja, könnte man meinen, nicht unbedingt Spaß machen, alt geworden zu sein und dem Niedergang jener beiden Branchen zusehen zu müssen, für die man sein Leben lang gearbeitet hat.

Nur taugt Abich nicht zur Resignation. Doch, doch, sagt er, wenn man mit ihm über das Fernsehen von heute redet, »die Tendenz zum Infantilismus ist schon groß«. Aber dann sagt er auch noch, manches sei im Vergleich nicht schlechter als früher. Und ist selbst nicht schlechterer Laune als eh und je.

Rudolf Augstein oder: Ein fester Platz in Walhall

Manche Menschen lassen sich vielleicht erst im Alter erkennen – besonders die Großen. Solange er jung ist, erst recht in der Mitte des Lebens und auf der Höhe seiner Macht, ist manch einer von denen Genie-Darsteller, stark, skrupellos, mindestens ungerecht – und alles zusammen vor allem deshalb, weil er sich sonst nicht behaupten könnte. Weil er so stark ist, fürchten ihn viele, weil sie ihn fürchten, lecken sie ihm die Stiefelspitzen oder hassen ihn; oft genug tun sie beides und werden ihm mit beidem natürlich nicht gerecht.

Im Alter dann, wenn ihm die Macht ganz langsam aus den Fingern rinnt (und wenn er gegen eine halbe Redaktion kämpfen muß, damit die Macht noch ein wenig bei ihm bleiben möge), im Alter also kann es sein, daß der Große ein wenig einsam geworden ist; aber dafür ist er plötzlich gut sichtbar, gerade weil er nicht mehr so hoch oben auf seinem Sockel steht. Von unten gesehen, entdeckt der Beobachter womöglich menschliche Züge an ihm.

Also gut, das wird ein Versuch über Rudolf Augstein – und der ist vielleicht irgendwie nicht der Mann, an dem andere Journalisten sich mit handgestrickten Psychogrammen, vorsichtigen Sympathieerklärungen oder revolutionären Neuinterpretationen zu schaffen machen sollten, zum Beispiel auf der Basis eines vielstündigen Gesprächs. Es ist nur so, daß der Mann, der an diesem grauen Hamburger Nachmittag in der Strickjacke auf seinem weißen Sofa dem Besucher mehr gegenüberliegt als -sitzt, verzweifelt an einen anderen erinnert. Fast ohne Hals, den Kopf direkt aus den hochgezogenen Schultern wachsen lassend, die unglaublich wachen Augen gelegentlich zu kleinen Schlitzen verengt: Ist denn wirklich noch niemandem aufgefallen, daß Rudolf

Augstein in bestimmten Momenten niemandem so ähnelt wie ... wie Franz Josef Strauß? Es kann aber auch sein, daß das nur deshalb noch niemand geschrieben hat, weil man nicht weiß, wen der beiden Verglichenen respektive ihren Anhang man mehr mit einer solchen Feststellung beleidigen würde.

Ach ja, Strauß, ohne den Augstein nicht dieser Augstein geworden wäre (was umgekehrt genauso gilt). Strauß natürlich hätte sich entsprechende Vergleiche erbittert verbeten, man war ja verfeindet. Einmal nur, so hat der CSU-Vorsitzende in seinen Memoiren geschrieben, einmal nur habe er, das sei im Jahre 1957 gewesen, mit dem *Spiegel*-Herausgeber das private Gespräch gesucht; allerdings sei dieser Versuch schiefgegangen, schließlich seien sich da zwei Männer gegenübergestanden, die »nicht nur völlig entgegengesetzte politische Urteile« hatten, sondern die auch »zwei völlig entgegengesetzte Charaktere« waren: »Augstein, von Komplexen geplagt, ist in der deutschen Publizistik das, was der listig-verschlagene Loki in der germanischen Sagen- und Götterwelt ist«, schreibt der Chefpsychologe Strauß.

Der nämlich war völlig anders. Strauß hat sich selbst wohl wirklich bis zuletzt als den strahlenden Gott des Donners oder wenigstens als Siegfried gesehen, den die Lokis dieser Welt im Auftrag des Höllenfürsten oder gar des KGB bekämpften. Und hatte doch mit dem Loki aus der Hamburger Ost-West-Straße so viel gemeinsam: die Herkunft aus kleinbürgerlichen Verhältnissen, die scharfe Intelligenz und den Zwang, sich bei jeder schönen Frau Bestätigung holen zu müssen, die Liebe zu den Geschichtswissenschaften und die zum Alkohol, ein stupendes Gedächtnis und mäßige Menschenkenntnis. Und natürlich waren, sind, beide komplexbehaftet, anders wären weder Strauß noch Augstein in ihrem gewaltigen Geltungsbedürfnis erklärbar, das den einen zwang, noch unbedingt in Wirtschaftswissenschaften zu promovieren, und den anderen, der nie studieren konnte, mit diversen historischen Büchern auch noch die höheren akademischen Weihen verliehen zu bekommen. Was mitnichten gegen die beiden spricht.

Was Augstein angeht, so war es wohl von Anfang an diese brisante Mischung aus Gedankenschärfe, Ehrgeiz, Mißtrauen gegen Gott und die Welt und sich selber, die ihn vorangetrieben und zu dem gemacht hat, was er wurde. Und außerdem war er das Produkt einer Zeit, in der die Marschallstäbe wirklich in den Tornistern lagen, welche die richtigen jungen Leute aus einem schrecklichen Krieg nach Hause schleppten. Wer gut war, mußte einfach etwas werden, es boten sich eine Menge Felder für die Karrieren an, die man damals wirklich nicht planen konnte. Ist jemand, beispielsweise, ein geborener Journalist, ein geborener Verleger? Gibt es so etwas überhaupt? »Was ich geworden bin«, sagt Rudolf Augstein, »bin ich aus Zufall geworden.«

Nun ja, Zufall, das muß man auch in diesem Fall nicht wörtlich nehmen. Aber auffällig ist schon, daß viele der wichtigeren Leute der deutschen Nachkriegszeit in ihre Rollen mehr hineingestolpert sind, als daß sie sie mit großem Aplomb ergriffen hätten. Die Karrieren der Politiker begannen nach dem Krieg nicht mit dem Eintritt in den Ortsverein Offenbach-Süd und der Übernahme des Schriftführerpostens dortselbst; die Karrieren der Augstein, Nannen und Bucerius begannen nicht mit einem Volontariat beim Remscheider Anzeiger, wovon sie nach zwei Jahren zum Jungredakteur aufgestiegen wären. Als Rudolf Augstein 23 Jahre alt war – in diesem Alter bewirbt man sich heute um die Aufnahme in die Journalistenschule –, hatte er außer einer nicht sehr umfangreichen Schulbildung ein bißchen Weltkrieg hinter sich, war Offizier gewesen, verwundet, hatte sich nach München durchgeschlagen, wo er – »das konnte ich sehr gut« – vom Veranstalten bunter Abende gelebt hat, später für sechs Wochen von der Mitherausgabe des Nachrichtenmagazins mit dem Namen »Die Woche«, das ein Major und zwei Stabsfeldwebel aus Großbritannien sich ausgedacht hatten; als Rudolf Augstein 23 Jahre alt war, da war er schon Mitbesitzer des nächsten Nachrichtenmagazins, das nun *Der Spiegel* hieß und deutsche Pressegeschichte machen sollte. Nicht nur Pressegeschichte.

Schrieb erst einmal alles aus englischen Zeitungen ab: Rudolf Augstein gründete ein Nachrichtenmagazin, weil die Engländer eins haben wollten. Die Aufnahme zeigt Augstein im Jahre 1947.

Alles Zufall? Natürlich nicht. Wahr ist, daß bei dem jungen Mann sehr früh ein gewisser Äußerungstrieb unverkennbar gewesen war, der nur kanalisiert werden und in Harmonie gebracht werden mußte mit den Erfordernissen der Zeit. Wäre der junge Mann handwerklich begabt gewesen, so hätte er nach dem Gymnasium eine Lehre als Schreiner begonnen, denn studieren konnte er nun mal nicht, weil er in diesem Fall erst Arbeitsdienst hätte machen müssen, was er auf keinen Fall wollte. Als nicht studierender Intellektueller ist er dann »fast zwangsläufig Volontär geworden«, sieben Monate lang zu 75 Mark Gehalt, und weil »der Inhaber der Zeitung dachte, ich sei Hölderlin«.

Das war er nun nicht. Gedichte allerdings und Erzählungen schrieb er nebenbei schon, bevor er zu den Soldaten mußte und nur deshalb nicht nach Stalingrad wie alle seine Kameraden, »weil ich in Braunschweig durchs Klofenster gesprungen bin, als ich meinen Namen auf der Wache hörte«. Die Chance, aus Stalingrad zurückzukommen, war aber 1:7, so daß man sagen könnte, das vermutlich einflußreichste Presseorgan der deutschen Bundesrepublik habe sein Entstehen einem offenen Klofenster zu verdanken.

Statt nach Stalingrad kam Rudolf Augstein also zu einer Einheit der Heeresartillerie mit 12 Kanonen, wurde verwundet und schlug sich, als der Krieg endlich vorbei war, von München aus mit dem Fahrrad durchs Taubertal in Richtung Heimat durch, nicht ohne zuvor seine Pistole vergraben zu haben. Zurück in Hannover, war er erst einmal sechs Wochen lang arbeitslos, aber dann wurde auch schon eine Zeitung gegründet, die »Hannoversches Nachrichtenblatt« hieß und aus insgesamt zwei Seiten bestand: Die wurden emsig vor allem von dem jungen Journalisten Augstein gefüllt, der schon damals wußte, daß er so gut wie alles schreiben und beschreiben konnte. Nur seine Ballettkritiken, sagt er heute, waren durchgängig zu positiv, vermutlich wegen einer starken Affinität zum weiblichen Geschlecht, die ihn später in vier Eheschließungen und zahlreiche weniger offizielle Verbindungen treiben sollte; auf die Problematik dieser Affinität beim Schreiben von Ballettkritiken, sagt Augstein, habe ihn eines Tages der englische Presseoffizier aufmerksam gemacht.

Man wird es schon eine biographische Ironie nennen dürfen, daß aus dem Lyriker, Stückeschreiber und Ballettkritiker dann ausgerechnet der Gründer des großen deutschen Nachrichtenmagazins geworden ist – ein Gründer, der nicht im geringsten wußte, was das sein soll: ein Nachrichtenmagazin.

Der eigentliche Grund, daß so etwas überhaupt gemacht wurde, war eben, »daß die Engländer eines haben wollten« (Augstein). Und die Frage, wie das denn nun anzustellen sei, wurde im wesentlichen durch das gründliche Studium eines dann bald verblichenen Blättchens namens »news review« sowie anderer englischsprachiger Zeitungen beantwortet, »aus denen ich in der Nacht alles abgeschrieben habe; soviel Englisch konnte ich grade«.

Auch das ist eine der überraschenden Erkenntnisse eines solchen Gesprächs: Dort, wo es ihm nicht darauf ankommt, macht sich der Mann nicht größer, als er ist, weshalb sich Rudolf Augstein, der sehr die Kunst der Selbstironie beherrscht (schon damit er insofern anderen zuvorkommt), es eher lustig finden dürfte, wenn ihn seine Hagiographen als großen Blattmacher porträtieren: Mit Sicherheit war er nie einer von denen, die auf weißem Konzeptpapier in kühnen Strichen entwerfen, wie man eine erfolgreiche neue Publikation auf den Markt wirft, oder auch nur einer, der jede Woche neu über die geniale Mischung nachdenkt, mit der sein Produkt die Kioske erobert. Eher war es wohl umgekehrt: Erst das Blatt, das ihm da in den Schoß gefallen war durch die Güte eines Besatzungsoffiziers, machte aus einem hochbegabten Journalisten einen großen Journalisten. Einen Journalisten, der vor allem eines wollte: sich artikulieren, Meinung äußern, sich einmischen. Der große Augstein wurde er deshalb erst, als er eine Plattform hatte – und gelernt hatte, sich darauf in Positur zu setzen.

Wenn heute von manchen Beobachtern gelegentlich eingewandt wird, Journalisten hätten wenig Grund, so heftig auf die politische Klasse einzuhauen, schließlich gehörten sie auch dazu, dann ist Rudolf Augstein ein prächtiger Beweis für diese These – und er weiß das auch: Erst als er angefangen habe, politisch zu kommentieren, habe sein Nachrichtenmagazin Gewicht bekommen, sagt er heute – und gleichzeitig habe es aufgehört, ein wirkliches Nachrichtenmagazin zu sein, wenn es ein solches überhaupt gibt. Sobald dieses Gewicht aber da war, war es Augsteins ganzer Ehrgeiz, es dann auch in die Waagschale zu werfen, im Blatt und außerhalb.

Beim Bilanzziehen wird klar, wie der Mann sich immer verstanden hat: selbstverständlich – und das ist ja nicht unproblematisch bei einem Journalisten – als handelnde politische Figur, nicht als Beobachter. Man braucht ihm nur die Stichworte zu geben: Adenauer und Augstein? »Wir haben«, sagt er, »einander soviel Abbruch getan, wie wir nur konnten.« Augstein und die FDP? »Ich bin 56 in die Partei eingetreten, weil wir die Regierung Arnold kippen wollten.« Strauß und Augstein? »Wir haben ihn als Kanzlerkandidaten unmöglich gemacht, als wir damals die Wienerwaldrede gedruckt haben.« Strauß selber habe das genauso gesehen und einmal gesagt, man könne es doch »dem Augstein nicht erlauben, zu bestimmen, wer was wird«. Bekanntlich hat Strauß später einmal versucht, dem Augstein das zu verbieten. Der Versuch brachte Augstein ins Gefängnis und endgültig nach Walhall – in dem die Demokratien die wenigen legendären Figuren des freiheitlichen Journalismus auszustellen pflegen.

Dorthin gelangt man freilich nicht wegen seiner Meinungen oder wegen der korrekten politischen Gesinnung, sondern nur, weil und wenn man sein Handwerk beherrscht. Augsteins erstes großes Talent war ganz bestimmt immer die Art, in der er politisch denken, Zusammenhänge herstellen, in langen Monologen die richtigen Fragen stellen konnte in den Konferenzen, ohne Wert darauf zu legen, immer recht zu haben. (Das schließt nicht aus, daß er viele Zusammenhänge auch nicht erkannt, zum Beispiel nie so recht verstanden hat, warum die Grünen heraufzogen, wie gesellschaftsumstürzend die Emanzipation der Frauen war.)

Im übrigen kommt man an dieser Stelle um die Feststellung nicht herum, daß Rudolf Augstein in seinen besten Zeiten, vor allem auch in seinen Verkleidungen als innenpolitischer Moritz Pfeil und als Jens Daniel für die Außenpolitik ein brillanter Schreiber gewesen ist, einer jener wenigen, die ihre erstaunliche Intelligenz in eine scharfe, genaue, unprä-

Ist die Revolution ein Studentenulk oder Notwendigkeit? Rudolf Augstein bei einer Podiumsdiskussion mit Rudi Dutschke im Hamburger Audimax am 24.11.1967.

tentiöse Sprache umsetzen und deshalb die Dinge auf den Punkt bringen konnten: einer, der keinen Vergleich mit den besten Schreibern des deutschen Journalismus zu scheuen brauchte – und allerdings auch keiner, der mit anderen verglichen werden müßte. Gewiß fällt einem bei der Lektüre alter Augstein-Kommentare manchmal Tucholsky ein – »aber ich bin keiner«, sagt er. Er ist der Augstein – weniger brillant als Tucho, aber vermutlich politisch gebildeter, fleißiger und sowieso tausendmal erfolgreicher, nicht nur wirtschaftlich.

Augstein als Wirtschaftsmacht, das ist ein anderes Kapitel. Viele Journalisten gibt es ja nicht in der deutschen Geschichte, die es durch Glück und Können zum Millionär gebracht haben – und ganz gewiß ist er in der Republik, die so hungrig war nach Erfolgsstorys, auch deshalb zu einer Legende geworden. Und wieder wird man trotzdem sagen dürfen, daß auch der Verleger Augstein keinem Vergleich standhält mit dem gleichnamigen Publizisten – man wird es schon deshalb sagen dürfen, weil sich der selber gelegentlich in diesem Sinne äußert. Die Geschichte des Verlegers Augstein ist vor allem die Geschichte einer langen Reihe gescheiterter oder frühzeitig verworfener Projekte, vom *Spiegel-Kurier* über den *Sport-Spiegel* bis zur *Deutschen Allgemeinen Zeitung*, die sein Lieblingskind werden sollte, nämlich eine seriöse analytische Wochenzeitung. Nichts davon ist etwas geworden, sowenig wie es je zur Gründung einer Tageszeitung reichte – und das größte Verdienst des Verlegers Augstein ist es insofern vermutlich, daß er manche Ideen brutal gestoppt hat, bevor sie den *Spiegel* ernsthaft gefährdet hätten. Was später dann doch realisiert wurde – Manager-Magazin, Spiegel-TV –, steht dafür auf sicheren Beinen. Noch immer ist *Der Spiegel* eine schwer erschütterbare Bastion, was sich gerade in Zeiten zeigt, in denen zum ersten Mal ein Konkurrent erfolgreich gegen ihn antritt.

Und jetzt? Jetzt gleitet die Macht ihrem Inhaber langsam aus den Händen, selbst wenn es ihm zuletzt noch einmal gelungen ist, seinen erklärten Favoriten gegen großen Widerstand zum Chefredakteur zu machen. Daß er schwächer wird, gilt erst einmal und vor allem für den Publizisten Augstein, dessen Stimme, so schrill sie gelegentlich klingt, inzwischen eben doch nur noch eine Stimme unter vielen ist. Das mag daran liegen, daß er seit Jahren, manchmal erkennbar nicht im Vollbesitz seiner Kräfte, nicht mehr so messerscharf und luzide formuliert wie in seinen besten Zeiten. (Freilich an besseren Tagen immer noch so spannend, daß man staunend überlegt, mit wieviel zusätzlicher Kraft und Intelligenz dieser Mann heute in die Debatte eingreifen könnte, wäre er ganz gesund.)

Übrigens wird erst jetzt, im Alter, deutlich, daß manches an der Einschätzung des Publizisten Augstein womöglich ein fast lebenslängliches Mißverständnis war, dem er zeitweise selbst erlegen ist. Spätestens im Herbst 1989 zeigte sich ja, daß das langjährige Idol der deutschen Linken, der Mann, vor dem die deutsche Wirtschaft gewarnt werden mußte, weil sie mit ihren Anzeigen »das Geld liefert, mit dem sie liquidiert wird« (wie einmal im konservativen Platow-Brief gegen das Blatt gehetzt wurde) – plötzlich also zeigte sich, daß mindestens der Herausgeber und Haupteigentümer alles andere als ein linker Staatsfeind und Landesverräter war.

Vermutlich von Beginn seiner Karriere an ist Rudolf Augstein zuallererst ein aufgeklärter Deutschnationaler gewesen, einer, der seinen langjährigen Kollegen Erich Böhme heute mit gutem Grund an den anderen Hannoveraner Kurt Schumacher erinnert, einer, von dem ein anderer enger Mitarbeiter sagt, er habe sein ganzes Leben lang seine Flucht vor Stalingrad vor sich selber gerechtfertigt; daß er der Republik und ihren führenden Politikern als Linker galt, hatte im Zweifel vor allem mit seiner jungen frechen Art zu schreiben zu tun, damit, daß er sich an Strauß und Adenauer rieb, der wiederum seinerseits den Fehler gemacht hatte, den ungebärdigen respektlosen Augstein nie zu seinem Kanzlertee einzuladen, was dem noch heute sofort einfällt, wenn er von den alten Zeiten erzählt. Im Ansatz war Adenauers westlich-internationale, europäische Politik in mancher Hinsicht bestimmt moderner als die Art, mit der Augstein in seinen ersten Jahren die Wiedervereinigung einklagte, und sehr viel später, als sie erreicht war, die Nation gegen die schrecklichen Gefahren aus Richtung Maastricht in Schutz zu nehmen versuchte. Aus solchen nun doch ziemlich abgestandenen Denkstrukturen entstehen dann ja auch Vorwürfe, wie der gegen die Türken, sie wurzelten nicht im nämlichen »Kulturgarten« wie Engländer, Franzosen, Spanier oder eben Deutsche. Ins Ruhmesblatt des liberalen Aufklärers Augstein gehören solche Sätze sowenig wie manche der Kampagnen, mit denen der *Spiegel* in den Jahren seit 1990 Auflage und Ruhm zu mehren versucht hat.

Freilich, mit diesen Kampagnen gegen Stolpe und Engholm und Lafontaine – dem eines Tages ausgerechnet das liberale und zum eigenen Nutzen durchaus lustbetonte Magazin aus dem Norden ein fröhliches Nachtleben vorgeworfen hat – hatte Augstein schon kaum noch etwas zu tun, sowenig wie die Redaktion mit seinen Kommentaren zu tun hat, außer daß sie sich manchmal furchtbar darüber ärgert.

Das hat dann schon seine melancholisch stimmenden Aspekte. Wie Rudolf Augstein an diesem trüben Nachmittag so redet und über seine (damals noch amtierenden) Chefredakteure räsoniert, die »nicht gerade mutig« seien (»aber man kennt sie auch nicht«), überwältigt seinen Besucher vor allem ein Gefühl: Da sitzt einer, sorgfältig bewacht und abgeschirmt in seinem luxuriösen Haus am Hamburger Leinpfad – und hat fast ein wenig Angst vor dem koloßartigen Kind, das er selbst gezeugt und großgezogen hat.

Diese Entwicklung ist einigermaßen neu. Jahrelang hat er mit dem Koloß gekämpft, hat sich heftig eingemischt in die tägliche Arbeit, hat, wenn er sich übergangen fühlte, die Chefredaktion sogar öffentlich kritisiert, als er nach den ersten Barschel-Veröffentlichungen Angst bekam um das Renommee seines Blattes. All die vielen Konflikte, die es in den Jahren zwischen ihm und den selbstbewußteren unter seinen Chefredakteuren gab, hatten immer vor allem mit dieser einen Angst zu tun: daß da jemand zu selbständig werden, womöglich seine Macht einschränken könnte. Wenn der Verdacht übermächtig wurde, dann war das Urteil meist schon gefällt. Dann mußte einer weg, auch wenn ihn der Chef selbst ausgesucht und eine Zeitlang sehr gelobt hatte.

Ewig geht das natürlich nicht, weshalb er jetzt die Redaktion meist in Ruhe läßt – und seinerseits froh ist, wenn die ihn in Ruhe läßt und alles abdruckt, was er zu Papier bringt über Shakespeare und Fürst Pückler und Karl May. Schreiben nämlich muß er, schon um sich am Leben zu halten – nur über das Geschriebene zu diskutieren fällt allen Beteiligten schwerer denn je: Seit sein engster Mitarbeiter im Frühjahr 1993 plötzlich gestorben ist, gibt es nur noch wenige, denen er vertrauen würde in der Redaktion des *Spiegel*, viele Redakteure kennt er nicht einmal mehr. Neuerdings habe er richtig Angst, den Fahrstuhl im Spiegel-Gebäude zu betreten, hat er kürzlich einem alten Kollegen gesagt: Da stiegen dann Leute ein, die er noch nie gesehen habe – und die seien vielleicht schon fünfzehn Jahre in seiner Redaktion.

So ist das eben: Nicht immer macht der Erfolg den Erfolgreichen glücklich, schon gar nicht, wenn sich die Fragen mehren, wie denn alles weitergehen soll. Wieder fällt dem Besucher der alternde, mißtrauische, die Macht verteidigende Strauß ein: Glaubte nicht auch der große alte Tycoon, sein Werk mit Zähnen und Klauen gegen all die Jungen verteidigen zu müssen, die längst alles besser wissen, gegen die angeblichen Freunde auch, die sich in seinem Glanz gesonnt haben, nur um ihm eines Tages die Krone zu entwinden? Auch Augstein ist mißtrauisch und zynisch geworden – und gleichzeitig immer einer geblieben, der sich liebevoll einsetzen konnte für Leute, die er in Not vermutete. (Er sei, sagt jemand, der ihn sehr genau beobachtet, »der menschlichste Zyniker, den ich kenne«.)

Vor zwei Jahren, als er 70 Jahre geworden war, brachen wieder einmal tausend Glückwünsche und Ehrungen über ihn herein – und viele kamen vermutlich von den Leuten, die er im Laufe seines Lebens hatte verdrängen müssen, weil sie allzu eifrig nach der Macht gegriffen hatten, sein Geld wollten oder mitbestimmen oder es gar wagten, an die Zeit nach ihm zu denken. All die Böhmes und Funks, die selbst Herausgeber oder Geschäftsführer werden wollten, oder früher die Herren Revoluzzer, die von ihm ein Redaktionsstatut hatten haben wollen: Würden nicht einige von ihnen wieder über die fällige Rache nachsinnen, weil er sie von seinem Hofe verbannt hatte, was aber doch nötig gewesen war zur Bewahrung seines Werkes? Beim nächsten Machtkampf würden wieder ein paar alte Rechnungen beglichen werden – so ist es dann ja auch gekommen bei der letzten *Spiegel*-Krise im Herbst 1994.

Es wird noch vieles nötig sein in dieser Art und noch viel länger, als Rudolf Augstein in jüngeren Jahren vorausgesagt hatte: Wie könnte sich einer zurückziehen, wenn er doch gar nicht wüßte, wohin. Vielleicht, sagt er plötzlich im Gespräch, vielleicht habe ja sein jüngster Sohn das Zeug dazu, einmal das Erbe zu übernehmen. Bis dahin könne er leider nicht von Bord gehen.

Der jüngste Sohn hat gerade seine Ausbildung begonnen als Journalist.

Artur Brauner oder: Der verstörte Lebemann

Natürlich hätte ich gewarnt sein müssen. Schließlich kommt der Mann aus dem notorisch chaotischen Showbusineß, und außerdem hatte ich gerade noch mal im Taxi gelesen, wie er seinen FAZ-Fragebogen ausgefüllt hatte: Wenn jemand bei einer solchen Selbstauskunft ausdrücklich schreibt, daß er von allen Fehlern am ehesten die Unpünktlichkeit entschuldigt, dann sollte sich ein Besucher vielleicht nicht allzusehr darüber wundern, daß er bei seiner Verabredung versetzt wird.

Andererseits hatte mich Artur Brauner nach zähen telefonischen Verhandlungen ja selbst um halb elf Uhr zu seiner Villa in Grunewald bestellt (»früher ist ungünstig«) – und da war es dann schon merkwürdig, daß niemand reagierte, auch nicht durch die Sprechanlage, als ich um 10 Uhr 33 den Klingelknopf drückte. Ich hab' es noch einmal versucht, ein drittes, ein viertes Mal, dann fünf Minuten später und zehn Minuten später, hab' jedes Mal Hoffnung geschöpft, wenn wieder ein Auto durch die samstäglich leere Königsallee fuhr. Vielleicht war er gar nicht zu Hause, hatte noch ein zeitraubendes Gagengespräch gehabt mit einem zickigen Schauspieler und sich deshalb verspätet? Aber nichts zu hören, nichts zu sehen – längst hätte ich schon resigniert, wenn nur ein Taxi vorbeigekommen wäre oder ein Telefonhäuschen in der Nähe gestanden hätte. Pünktlich um elf Uhr klingele ich, mehr aus Ratlosigkeit, ein letztes Mal: Da öffnet sich die Tür und herauskommt, sichtlich verschlafen, der Filmproduzent Artur Brauner. Doch, doch, sagt er großmütig, das sei schon in Ordnung, daß ich so hartnäckig geklingelt hätte.

So sind sie eben, hab' ich mir gedacht, die Großen des Showbiz, die Tycoons aus Hollywood und Berlin: immer unberechenbar, ohne viel Interesse für die kleinbürgerlichen Sekundärtugenden, dafür aber eine spannende Mischung aus Gesellschaftslöwen und kreativen Chaoten, die sich ständig die Nächte um die Ohren schlagen müssen mit dem Lesen von Drehbüchern und der Betreuung von Starlets. Auch von diesem Tycoon hier hat der Leser der Tages- und Illustriertenpresse seit Jahrzehnten alles Entscheidende gewußt: Daß er sein Leben lang von einem Fest zum anderen gejagt ist, haben die Gesellschaftsreporter festgehalten, haben beschrieben, wie er seine Bussis regnen ließ über die Leuwerik und die Pulver und die Uschi Glas; ein Münchner Experte hat sogar einmal dreispaltig in der Abendzeitung mitgeteilt, daß »Atze« – wie ganz Berlin ihn liebevoll nenne – ganz einfach »am besten küßt«.

So war das also. In einigen etwas umfangreicheren Texten stand dann zwar auch noch zu lesen, daß Artur Brauner ein Arbeitstier sei, ein Kinoverrückter, der sich seine Lieblingsfilme im Privatkino auch fünfzig Mal ansehen könne, ein Rastloser, der mit mehr als 250 Filmen der erfolgreichste unabhängige Filmproduzent der Welt geworden sei, wenn man mal von Indien absehe: Aber wer liest schon umfangreichere Texte, wenn es doch all die hübschen Fotos gibt: Atze mit Gary Cooper, Atze mit Maria Schell, Atze mit Hans Albers...?

Ein Lebemann also, dem am besten ein weißes Dinnerjacket steht, ein glatzköpfiger Filmmogul mit Menjoubärtchen und immer einer Schönen im Arm: Der Typ ist oft beschrieben, von dem hat jeder ein Bild. Es ist nur vielleicht das falsche. Oder höchstens ein kleiner Ausschnitt aus einem ziemlich großen Gemälde.

An diesem Vormittag jedenfalls macht der Porträtist eine Erfahrung, wie er sie noch selten in seinem beruflichen Leben gemacht hat: An diesem Vormittag nämlich will der Lebemann nicht über das Leben mit sich reden lassen; er redet erst einmal über den Tod: über den Tod, den die Deutschen über die Juden gebracht haben. Ein gespenstisches Gespräch entwickelt sich. Der Journalist hatte sich darauf vorbereitet, über Filme zu diskutieren, der Filmproduzent redet davon, daß der Vater und der Bruder seiner Frau ermordet worden sind, daß die Mutter der Frau drei Jahre lang von einer polnischen Familie in einem Backofen versteckt worden ist; der Besucher denkt, er müsse etwas über die ersten wilden Jahre des deutschen Nachkriegsfilmes erfahren, der Besuchte zeigt ihm unermüdlich Dokumente, die er erst kürzlich aus baltischen Archiven bekommen hat: Dokumente des bürokratischen Grauens, umfangreiche Inventarlisten, in denen höchst säuberlich jeder Gegenstand (»453 Teelöffel, 19 Kinderbetten«) aufgelistet ist, den die SS aus dem Nachlaß der Ermordeten eingezogen hat zur Mehrung des Reichsvermögens. Ob denn so etwas überhaupt vorstellbar sei, fragt er ein ums andere Mal, während er kopfschüttelnd in den Unterlagen blättert, der Filmmogul Artur Brauner. Und hat eine Antwort, die das weitere Gespräch nicht leichter macht: »Ich kann mir das bei keinem anderen Volk vorstellen als bei den Deutschen.«

Und genau bei diesen Deutschen ist Artur Brauner, der als Kind Abraham geheißen hatte, ein ganz großer Erfolgsmensch geworden. Genau bei denen hat er es werden wollen. Genau denen hat er vierzig Jahre lang mit »Mädchen in Uniform«, mit »Liebe, Tanz und tausend Schlager« den Stoff geliefert, der ihnen beim Vergessen geholfen hat. Und die ihm beim Vergessen geholfen haben. Artur Brauner ist prominent geworden in Deutschland und populär und hat geduldig die tausend Witze ertragen, die mal mehr, mal weniger gutmütig davon handelten, wie sparsam er sei und wie reich er mit Hilfe dieser Eigenschaft sicherlich geworden sei. Und er hat alt werden müssen, um sich irgendwann die Frage zu stellen, ob er mit all diesem Erfolg nicht einer Lebenslüge aufgesessen ist.

Er wisse selber nicht, sagt er einmal mitten in unserem Gespräch, wieso er es eigentlich hier ausgehalten habe; wenn man ehrlich sei, dürfe man, nein: dürfe er aus moralischen Gründen hier gar nicht wohnen. Wenn er es doch tut, dann hat das gewiß mit nichts so sehr als mit Verdrängung zu tun, einer Verdrängung, ohne die er nicht hätte leben können. Und von der er selbst gelebt hat, Jahrzehnte lang.

In der *Frankfurter Rundschau* hat Claudia Dillmann vor einigen Jahren anhand eines Dokumentes von 1950 den Mechanismus dieser Verdrängung beschrieben, welche vermutlich die Filmwirtschaft so perfekt inszeniert hat wie keine andere Branche in Deutschland: Sie war schließlich auf ein Millionenpublikum angewiesen, das auf gar keinen Fall verstört werden sollte, nicht durch Stoffe, nicht durch Biographien von Produzenten. Eine Ausgabe der Filmblätter von 1950 hat Frau Dillmann aufgetrieben, in der zum ersten Mal der junge Produzent Brauner in größerem Umfang der Branche und den Kinobesuchern vorgestellt wurde: Er sei ein am 1. August 1918 in Rumänien geborener Kaufmannssohn, der auf eine »buntbewegte Kindheit« dankbar zurückschaue, früh vom Kino fasziniert gewesen sei – nur daß dann offenbar leider eine dumme Sache dazwischengekommen ist. Brauner, dessen jüdische Religion die Zeitschrift mit keinem Wort erwähnt, wird in dem Blatt mit einem angeblichen, geradezu atemberaubenden Satz zitiert: »Große Ideale und fanatische Schaffenskraft weckte der Film in mir – doch dann kam der Krieg und viele Jahre vergingen nutzlos.«

Die Jahre vergingen, aber in Wahrheit nicht nutzlos, sie waren voller Grauen für den Jungen aus Lodz, für den ältesten Sohn des jüdischen Holzgroßhändlers Mosche Brauner, der geglaubt hatte, in Europa, in der Wiege der Zivilisation, aufzuwachsen und eines Tages merkte, daß er mitten in der Barbarei zu leben gezwungen war. Eben noch hatte er im großbürgerlichen Milieu ein behütetes Leben geführt, hatte mit den Gleichaltrigen viele Abende in den Kinos der Stadt verbracht, auch wenn er sich zu diesem Zweck über die Strickleiter aus dem Elternhaus entfernen mußte. Eben noch hatte er mit jungen Zionisten eine Reise in den Iran und den Nahen Osten gemacht – offenbar eine der prägendsten Erfahrungen einer geborgenen und gleichzeitig spannenden Jugend, die zu den schönsten Hoffnungen berechtigte und zu den größten Sorgen Anlaß gab, wenn man ein paar hundert

Kilometer Richtung Westen schaute; zwei Jahre später fielen die Deutschen in Polen ein – und damit begannen die schrecklichen Jahre für die Juden in diesem Land.

Artur Brauner schreibt seit vielen Jahren Tagebuch und nun schon ziemlich geraume Zeit an einer Autobiographie, »nicht zuletzt für unsere Kinder«. In dem Buch will er erzählen, wie er und seine Frau die sechs schrecklichen Jahre erlebt, überlebt haben. Bis heute hat er nicht viel davon preisgegeben, außer einigen Andeutungen, Stichworten, aus denen hervorgeht, daß sich der junge Brauner strikt geweigert hat, den Judenstern zu tragen, daß er die Eltern zur Flucht überredet hat. Erst war er in einem verlassenen Dorf »am Rande der großen Wälder« versteckt, später an der deutsch-russischen Grenze, wo in den Wäldern mehr vegetiert als gelebt werden konnte. Mehrfach ist der Junge aufgegriffen worden in Warschau oder am Ufer des Flusses San, wo er sich einmal mit einem Trick gerettet hat, den er aus einem alten Western mit Gary Cooper kannte: Er ist mit dem Kopf voraus dem Soldaten, der ihn festnehmen wollte, in den Bauch gerannt, der daraufhin in den Fluß stürzte ... Artur hatte mehr Glück gehabt als viele seiner Verwandten, von denen 49 ums Leben gekommen sind, aber Glück ist mit Sicherheit nicht das richtige Wort in diesem Zusammenhang. Er war am Leben geblieben, das war alles. Und er hatte das mit dem unbändigen Ehrgeiz getan, im nächsten Leben allen zu zeigen, was in ihm steckt. Dafür war Berlin genau der richtige Platz, die Stadt, von der aus der »Führer« zuerst den Terror organisiert und in der er sich dann umgebracht hatte.

Nicht, daß Brauner von vornherein nur all diese Verdrängungsfilmchen im Sinne gehabt hätte. Artur B. sagt (und er hat es in dem ziemlich lustigen, die Jahre im Dritten Reich fast völlig aussparenden Buch »Mich gibt's nur einmal« geschrieben), er habe damals, in den Wäldern am San beschlossen, wichtige Filme zu produzieren, wenn er jemals lebendig hier herauskommen solle. Filme sollten es sein, die dazu beitragen würden, »daß so etwas nie mehr passiert« –

Auf Wunsch die Komödien, auf Wunsch die Heimatfilme: Der Filmproduzent Atze Brauner gibt dem Publikum, was es sehen möchte. Hier bei der Gründung der CCC im Jahre 1946 mit seinen ersten Mitarbeitern.

aber die ersten, für die er Geld auftrieb, hießen dann doch »Sag die Wahrheit« oder »Herzkönig«, weil ihm schnell klar war, daß es genau diese Filme waren, die die Menschen sehen wollten. Er wußte das um so klarer, als er nach vielen Widerständen den Film »Morituri« produzierte, der von seinen eigenen Erlebnissen im Krieg handelte, einen Streifen, »mit dem ich ans Gewissen der Welt appellieren wollte«.

Der Film kam im Jahre 1948 unter den widrigsten Umständen zustande, aber es zeigte sich, daß das Gewissen der Welt keinen großen Wert auf Appelle legte, schon gar nicht das Gewissen der Deutschen: »Das Publikum«, erkannte der Produzent zu spät, »wollte unseren Film nicht sehen, weil niemand Lust hatte, sich mit der Vergangenheit auseinanderzusetzen: Was die Kasse betraf, so hat es selten einen dickeren Flop gegeben.« Brauner gab eineinhalb Millionen Reichsmark aus und noch mal 250 000 DM nach der Währungsreform; eingespielt hat das Werk, von dem die Kritiker später mit einiger Hochachtung geschrieben haben, knapp 60 000 Mark. Artur Brauner hatte eine Lektion erteilt bekommen.

Man kann sagen, daß er sie gelernt hat. Dabei war es keineswegs so, daß für Brauner selbst der Krieg so schnell schon vorbei gewesen wäre: Heute sagt er, erst 1951 habe er persönlich das Schlimmste hinter sich gehabt, bis dahin habe er jede Nacht von der Flucht geträumt, durch Kanäle sei er geflohen, über Dächer, ins Wasser; in den ersten Jahren habe er nicht einmal mehr richtig lachen können. Statt dessen hat Brauner dafür gesorgt, daß es die anderen konnten, die Deutschen, denen er nun die Filme machte, die sie mochten: Auf Wunsch die Komödien, auf Wunsch die Heimatfilme, gern aber auch Karl-May-Filme oder jene schnell vergängliche Ware, in der Peter Alexander mit Caterina Valente um die Wette trällerte.

Eine exemplarische Karriere hatte begonnen, mit allem, was dazugehört beim Film: Dramatische Kräche gab es – zum Beispiel, wenn Sonja Ziemann, die Brauner entdeckt und großgemacht hatte, ihn plötzlich auf 50 000 Mark Schadensersatz verklagte, weil ein Film um drei Tage zu spät auf den Markt kam; herzzerreißende Liebesszenen gab es aber auch – wenn man sich nach den Krächen wieder in den Armen lag, weil Maria Schell eben doch diesen Riesenerfolg mit den »Ratten« hatte, obwohl sie vorher immer gesagt hatte, die Rolle sei nichts für sie, und obwohl siebzehn Verleihfirmen kein Garantiehonorar hatten auswerfen wollen. Überhaupt muß man sich diese großen Jahre des deutschen Nachkriegsfilms, in denen es noch kaum staatliche Förderung gab, aber viele vorsichtige Banken, als ständige Achterbahnfahrt zwischen dem ganz großen Reichtum und dem unmittelbar bevorstehenden Ruin vorstellen. Einmal ist der Produzent am Rande des Wahnsinns, weil er für acht Millionen den Monumentalschinken »Kampf um Rom« dreht, den

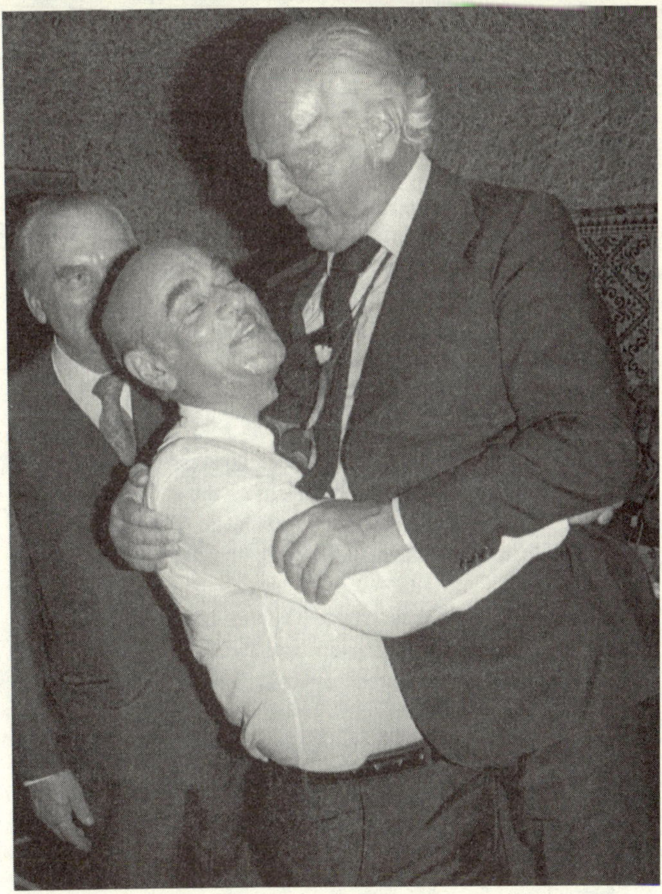

Internationale Stars bei den Berliner Filmfestspielen 1975: Artur Brauner stemmt den »normannischen Kleiderschrank« Curd Jürgens.

dann leider nicht so sehr viele Leute sehen wollen; dann wieder schürft er an einer Goldader, weil er mit »Grün ist die Heide« die Gemütslage eines ganzen Volkes errät. Artur Brauner ist im Laufe der Jahre ziemlich häufig auf eine

Goldader gestoßen und ist dabei – auch weil er ein glückliches Händchen bei Grundstücksgeschäften hatte – sehr reich geworden.

Sein Erfolgsgeheimnis ist es wohl sehr lange gewesen, daß er auf wunderbare Weise seinen Geschäftssinn mit seiner Liebe zum Kino verbinden konnte: Wäre er nur am Geld interessiert gewesen, dann hätte er nicht mit solcher Hartnäckigkeit um seine Stoffe gekämpft und seine Schauspieler hofiert; hätte er nur die Kunst im Sinne gehabt oder seine politischen Anliegen, wäre er ganz schnell pleite gewesen. Bis Ende der sechziger Jahre hat dieses Talentgemisch sehr gut funktioniert, so gut, daß Brauner in seinen Spandauer CCC-Studios, in sieben eigenen Hallen, der mit Abstand wichtigste deutsche Produzent geworden war: Einmal – das war im Jahre 1964 – hat er von 73 in Deutschland gedrehten Filmen allein 17 produziert. Es kam bei weitem nicht nur leicht verderbliche Ware auf diese Weise zustande, Brauner produzierte nicht nur jene Filme, die er später selber unter dem Sammelbegriff Trallalla ablegte, sondern durchaus auch Interessantes von interessanten Regisseuren, die dann »Vor Sonnenuntergang« drehten (Gottfried Reinhardt), »Die tausend Augen des Dr. Mabuse« (Fritz Lang) oder »Die Ehe des Herrn Mississippi« (Kurt Hoffmann). Die Schauspieler des Artur Brauner hießen Hans Albers, Annemarie Düringer und Martin Held, sie hießen Peter van Eyck und Gert Fröbe, Johanna von Koczian, Hans Jörg Felmy, Charles Regnier … Dafür mußte er sich nicht genieren.

Mindestens seit Beginn der siebziger Jahre war klar, daß die Blütezeit des deutschen Kinos vorbei war. Später, viel später, als die deutschen Jungfilmer ihre Schlacht gegen Opas Kino und seinen wichtigsten Repräsentanten Artur Brauner längst geschlagen hatten (mit großen Verlusten auf beiden Seiten), als in den immer weniger deutschen Filmtheatern so gut wie ausschließlich amerikanische Filme gespielt wurden, begann sich langsam auch bei jüngeren deutschen Filmliebhabern ein Verdacht zu regen: der Verdacht nämlich, daß man Leute wie Brauner, die man gewiß nicht ohne Recht angegriffen hatte, nicht so einfach hätte beiseite schieben sollen.

Zu seinem 75. Geburtstag schrieb Fritz Göttler in der *Süddeutschen Zeitung*, Brauner sei das, »was bei uns immer fehlte: ein Profi, der fürs Kino lebt«. Und plötzlich gab es auch einen offenen Brief deutscher Regisseure wie Volker Schlöndorff, Margarete von Trotta, Werner Herzog, die sich für den Film vom »Hitlerjungen Salomon« einsetzten, einen Film, den Brauner produziert hatte und der gute Chancen gehabt hätte auf einen Oscar als bester ausländischer Film – wenn, ja wenn die deutsche Auswahlkommission ihn überhaupt vorgeschlagen hätte. Der Vorstoß kam zu spät, zu spät vermutlich auch, um Artur Brauner mit den Autoren jenes jungen deutschen Films zu versöhnen, die er von Anfang an nicht gemocht und über die er, auch aus verletzter Eitelkeit, mit genau jener Arroganz geurteilt hatte, die diese für ihn gezeigt hatten.

Das alles ist vorbei, und traurig ist das vor allem deshalb, weil der deutsche Film vermutlich nur dann eine Chance gegen oder neben Hollywood gehabt hätte, wenn die Brauners und die Schlöndorffs einander als Verbündete hätten betrachten können. Das ging vielleicht nicht, es wird sich auch nichts mehr reparieren lassen, dafür ist Artur Brauner zu alt. Und es ist ihm wohl auch zu unwichtig geworden.

Der Mann ist heute wieder da angekommen, wo er 1945 zu schnell aufgehört hat: bei der Frage, wie das alles hat passieren können, bei der Frage, ob er es den Deutschen nicht zu leicht gemacht hat nach dem Nazireich, bei der Frage, wie sich Hans Albers im Dritten Reich wirklich verhalten und was einen Heinz Rühmann so feige gemacht hat. Daß er nicht darüber geredet hat, zum Beispiel mit seinem Star Rühmann, den er mochte und den er wohl auch ein wenig verachtete, das hat er nun wieder mit vielen Deutschen gemeinsam. Insoweit ist Artur Brauner aus der deutschen Nachkriegsgeschichte nur ganz schwer wegzudenken. Man sollte es auch gar nicht erst versuchen.

Erich Brost oder: Der reichste Sozialdemokrat

Noch ein sehr alter Mann. Dieser hier sitzt, ein wenig zerbrechlich, am Nachmittag im Büro, vor sich auf dem Tisch mehrere Unterschriftenmappen, einen Stapel Zeitungen. Die Sekretärin im Vorzimmer ermahnt ihn gelegentlich, seine Tabletten einzunehmen gegen die Bronchitis: Sie darf das, sie ist auch seine Ehefrau. Wenn er die ersten Briefe gelesen und unterschrieben hat, geht der alte Mann in die Redaktionskonferenz, das macht er nun täglich seit 48 Jahren. Warum sollte er damit aufhören, nur weil er inzwischen 92 Jahre alt ist? Wenn er langsam über den Flur geht, wünschen die Leute auch aus weit entfernten Türen einen guten Tag; der alte Mann scheint großen Respekt zu genießen, und das nicht nur, weil er so betagt ist.

Ein Grund könnte sein, daß es ohne den alten Mann Erich Brost das Haus vielleicht gar nicht gäbe, in dem wir uns an diesem Nachmittag befinden: nicht die große Zeitung mit ihrer täglichen Redaktionskonferenz und nicht die vielen sicheren Arbeitsplätze für Redakteure und Sekretärinnen, Drucker und Anzeigenakquisiteure. Erich Brost ist Verleger, einer der erfolgreichsten der Republik – aber je länger man mit ihm redet (und später über ihn), desto mehr drängt sich dann doch der Eindruck auf, das könnte noch immer nicht der wichtigste Grund sein, weshalb ihn die Leute hier so respektieren. Vielleicht ist er aber gerade darum ein erfolgreicher Verleger geworden.

Als Erich Brost im Jahre 1946 anfing, jene Zeitung zu planen, die später die größte deutsche Abonnentenzeitung der Nachkriegszeit werden sollte, war er 43 Jahre alt – und hatte schon so viel erlebt, daß es für mehrere Leben gereicht hätte. Nicht reich war Brost in diesen ersten 43 Jahren geworden, nicht einflußreich und nicht berühmt, aber wenn man heute mit ihm darüber redet, was das wichtigste gewesen sei in den 92 Jahren, das, worauf er am meisten stolz sei, dann denkt er keine Sekunde nach: »Daß wir in Danzig überhaupt Widerstand geleistet haben gegen die Nazis und daß die bei der Abstimmung viel weniger Stimmen bekommen haben als im Saarland.« Darüber will der alte Mann reden, darüber zuerst und am liebsten.

Daß Erich Brost sich vor allem als politischen Menschen begreift und daß er nur in dieser Eigenschaft Journalist werden würde (und später vielleicht Verleger): Das alles begann sich in jenen ersten Jahren seines Lebens abzuzeichnen, in Danzig und sogar schon früher. Acht Jahre alt ist der Junge gewesen, als in der Firma Schichau im ostpreußischen Elbing der erste große Lohnstreik ausbrach, den es im deutschen Osten überhaupt gegeben hatte, acht Jahre alt war er, als sein Vater entlassen wurde, weil er im Streikkomitee gewesen war. Weil der Vater die Demütigung nicht ertrug, zog er mit der Familie nach Memel, von dort im Jahre 1915 nach Danzig. Der junge Brost hatte sich, höchst unfreiwillig, einen der aufregendsten Plätze ausgesucht, um mitzuerleben, wie Deutschland nacheinander in zwei Debakel geriet.

Einem wie ihm ist offenbar gar nichts anderes übriggeblieben, als ständig in politische Dinge verwickelt zu sein: Als die Schüler der Oberrealschule Sankt Petri und Pauli nach 1918 einen Schülerbund gründeten zur Vertretung ihrer Interessen, war Erich Brost sozusagen automatisch dabei, genauso wie er ein dreiviertel Jahr später, da war er schon der Vorsitzende des Stadtverbands, zum Protestbesuch beim Schulsenator antrat, der die Bewegung wieder verboten hatte. Der da protestierte, war im übrigen auch Vorsitzender der Sozialistischen Arbeiterjugend Danzigs – und damit mittendrin in allen politischen Auseinandersetzungen, die diese Stadt in den nächsten 25 Jahren zerreißen sollten.

In langen Jahren hat Brost so ziemlich alles erlebt, was das Jahrhundert zu bieten hatte; wer nicht dabei war, kann nur ahnen, wieviel Kraft und Mut es bedurft hat, sich einzumischen und den Mund nicht zu halten. Erich Brost war dabei, wenn im Journalistenverband leidenschaftlich darüber gestritten wurde, ob ein deutscher Journalist mit den Polen Kontakte haben solle, und natürlich war er in all die Wahlschlachten verwickelt, in denen es im wesentlichen darum ging, welche Partei am kräftigsten schrie, daß Danzig heimgeholt werden müsse ins Reich. Die Danziger Sozialdemokraten galten da eher als unzuverlässig, und als Erich Brost – nach einem kurzen Zwischenspiel als Buchhändler – von seiner Partei im Jahre 1924 zum Volontär bei der SPD-Zeitung *Danziger Volksstimme* gemacht wurde, hatte er eine der schönsten, aber auch undankbarsten Aufgaben, die der Journalismus zu vergeben hat: der Vernunft eine Stimme zu geben.

Es gibt gute Gründe, es für problematisch zu halten, wenn Journalisten gleichzeitig Mitglieder einer Partei sind: Die doppelte Loyalität tut in der Regel dem Beruf nicht gut. Für Brost war das in den Danziger Jahren vermutlich deshalb kein Problem, weil ja jeder wußte, daß er bei einer Parteizeitung arbeitete, und zwar bei einer, die in schwierigsten Zeiten gegen übermächtige Gegner Politik machen mußte, mit den Mitteln des Journalismus. Das wurde schließlich außerordentlich riskant, als der Nationalsozialismus im Reich die Macht ergriff und man in Danzig verzweifelt versuchte, sich diesem Würgegriff zu entziehen.

Erich Brost erzählt lebhaft von dieser Zeit, mit vielen Details, beinahe so, als hätte er sie erst gestern erlebt: Wie die SA am 2. Mai 1933 das Gewerkschaftshaus stürmte; wie er tags darauf auf eigene Faust zum Hohen Kommissar des Völkerbundes marschierte, um ihm wegen seines Schweigens zu dem unerhörten Vorgang Vorhaltungen zu machen; wie ihm dieser Hohe Kommissar, ein Däne namens Rosting, freundlich nahelegte, sich doch nicht so viele Schwierigkeiten zu machen und sich lieber »der großen geistigen Bewegung« anzuschließen, die heute in Deutschland bestimmend sei. Brost wollte dem Rat nicht folgen und bereitete sich damit noch eine Menge Schwierigkeiten, nicht zuletzt, indem er

Alles muß leicht lesbar sein: Der Journalist Erich Brost verfaßt das Grundgesetz einer Zeitung und hat damit den größten Erfolg.

auch weiterhin regelmäßig unter den Augen der Politischen Polizei zum Hohen Kommissar ging und diesen, der inzwischen ein Ire namens Lester war, akribisch informierte über die Verbrechen der Nazis. Gelegentlich wurde er danach festgenommen, aber immer wieder entlassen, so gut funktionierte der Schutz des Völkerbundes noch.

Es war dann übrigens auch der Völkerbund, dem Erich

Brost sein Leben verdankte. Das war im Jahre 1936. Brost befand sich gerade auf einer seiner regelmäßigen Reisen nach Genf, als die NSDAP auch in Danzig die letzten Skrupel verlor, die SPD verbot und versuchte, ihrer wichtigsten Vorstandsmitglieder habhaft zu werden. Sie hatte auch allen Grund dazu, denn vorausgegangen waren im Jahre 1935 die letzten Volkstagswahlen in Danzig, bei denen die Nazis, was jedenfalls die Stadt selbst anging, die Mehrheit verloren. Die wichtigsten Gegner waren die Sozialdemokraten mit ihrer verhaßten Zeitung, bei der es der verhaßte Brost inzwischen zum stellvertretenden Chefredakteur gebracht hatte. Brost sollte verhaftet werden, war nicht zu greifen, wurde gewarnt – und floh nach Warschau, wo er die nächsten drei Jahre verbrachte, bis der Krieg ihn ein weiteres Mal vertrieb. Drei Tage vor der Einnahme Warschaus war Erich Brost wieder auf der Flucht.

Auf einer Flucht mit vielen Stationen, von Riga über Tallinn nach Helsinki, von Schweden – wo man ihn erst einsperrte und dann außer Landes wies, weil er sich politisch betätigte, nämlich Briefe schrieb – bis nach Schottland und England. Im Jahre 1942 ist Erich Brost kurz vor Weihnachten endlich in London angekommen, und wenn er heute heiter über diese Zeit spricht (»habe für die BBC gearbeitet und bin nie so gut bezahlt worden wie da«), dann kann man sich ungefähr vorstellen, wie schlimm im Vergleich dazu all die Jahre vorher gewesen sein müssen. Schlimm und überaus lehrreich. Als Erich Brost sofort nach Kriegsende nach Deutschland zurückkommt, hat er nicht nur ein paar Sprachen gelernt, nicht nur Hunderte von Menschen aus allen politischen Lagern getroffen und mit ihnen gearbeitet, er hat vor allem geistiges Kapital für den Rest seines Lebens angesammelt. So schrecklich die Erfahrungen des Exils gewesen sind, so großartig hat es die Flüchtlinge auf die Aufgaben vorbereitet, die nun in einem Land auf sie warteten, das ja vor allem auch geistig ausgeblutet war.

Brost hat dann noch einige Zeit zwischen seinen beiden Berufen, dem des Politikers und dem des Journalisten, geschwankt. Erst machte er mit ein paar anderen Danzigern, die auch in England gewesen waren, für die britische Heeresführung den *Kölnischen Kurier* und die *Ruhr-Zeitung* in Essen, dann brauchte der Verleger Oppenberg einen Chefredakteur für die *Neue Ruhrzeitung*, aber da blieb Brost nicht lange, »weil Kurt Schumacher und Erich Ollenhauer mich für Berlin brauchten, als Kontaktmann zu den Alliierten«. Als er sich mit Schumacher nicht mehr so recht verstand, ereilte ihn das lebensverändernde Angebot des britischen Presseoffiziers von Nordrhein-Westfalen: Am 18. Februar 1948 erhielt er die Lizenz mit der Nummer 192. Der Verleger Erich Brost war geboren.

Aber war er denn ein Verleger? Er hatte doch das meiste, was man da können muß, nicht gelernt, wußte nichts vom Anzeigen-Akquirieren und vom Drucken, und schon gar nichts von der Kunst des Marketings, ohne die man sich heute ein Verlagshaus überhaupt nicht mehr vorstellen kann. Was er gelernt hatte, war Journalismus, was er dazu noch mitbrachte, war Lebenserfahrung. Und jenes Bekenntnis zur Demokratie, das er allerdings für eine der wichtigsten Voraussetzungen für den Beruf des Verlegers hielt. Daß eine solche Überzeugung wirtschaftlichen Erfolg nicht ausschließen muß, läßt sich übrigens nicht nur an der Lebensgeschichte des Erich Brost beweisen: Es hat in den Jahren nach dem Krieg zwischen Nürnberg und München, Stuttgart und Frankfurt eine ganze Reihe kämpferischer Nazigegner gegeben, die von den Siegermächten wegen ihrer politischen Untadeligkeit mit Zeitungslizenzen bedacht wurden und trotzdem ihre Verlage nicht ruinierten, ganz im Gegenteil.

Was den Journalismus angeht, so hat Brost ihn sehr ernst genommen. Wahrscheinlich gibt es wenig Zeitungsgründungen nach dem Krieg, über die so intensiv nachgedacht wurde wie im Falle der *Westdeutschen Allgemeinen Zeitung*, wenig Blätter mit so umfangreichen Grundsatzerklärungen zum Start und gleich danach: An wen wenden wir uns, was wollen wir bewirken, wie müssen wir schreiben, um unsere Leser zu erreichen? Das Konzept war das eines Generalanzeigers, deutlich geprägt von der englischen Zeitungstradition mit ihrer strikten Trennung von Nachricht und Kommentar, aber auch von den besten Überlieferungen deutschen Gemeinsinns. Das las sich im Programm dann so, daß die WAZ ihre Leser so objektiv wie möglich über die wichtigsten Ereignisse unterrichten und »durch eigene Stellungnahme mitwirken wollte an der Gestaltung einer von freiheitlichem, sozialem und rechtsstaatlichem Geist gelenkten deutschen und europäischen Gemeinschaft«. Es war nicht gerade wenig, was der neue Verleger sich und seiner Redaktion da vorgegeben hatte, wenn man bedenkt, daß er ja nicht die Londoner *Times* zu produzieren beabsichtigte, sondern ein, wenn auch großes, Provinzblatt.

Wahrscheinlich war das genau das Geheimnis seines journalistischen Erfolges: Diese Mischung aus gesellschaftlichem Anspruch, sozialdemokratischem Biedersinn und dem Bemühen, ja nicht zu intellektuell zu werden. Brost ist, was seine eigenen Artikel gut erkennen lassen, selbst eher kein Intellektueller, aber das kam der Verständlichkeit seiner Beiträge nur zugute. Und ganz bewußt suchte er keine übermäßig geistreichen Mitarbeiter, sondern Handwerker, die sich an jenes »Grundgesetz« der WAZ halten sollten, das der Verleger und Chefredakteur schon am 8. April 1948 in einem Rundschreiben an seine Korrespondenten formulierte: daß alles immer leicht lesbar sein müsse, wozu die Sätze kurz und gestrafft zu sein hätten, ohne unnötiges Beiwerk, mit knappsten Formulierungen.

Was übrigens die weiblichen Leser angeht, die »Evas«, wie der Verleger sie in einem weiteren Rundschreiben nennt, so wollte die WAZ auch sie nicht vergessen. Brost schlug »Berichte über Liebe, Kinder, Tiere und so etwas« vor, nicht ohne hinzuzufügen, »daß so etwas für unsere Gegend nicht nur zweckmäßig, sondern auch notwendig und schließlich gut ist«. Es erwies sich in der Tat als zweckmäßig, die Zeitung wurde groß und größer und schon sechs Jahre nach ihrer Gründung hatte sie sich (inklusive einiger aufgekaufter Lokalblättchen) von ursprünglich 250 000 Exemplaren auf stattliche 400 000 gesteigert. Eine Erfolgsstory, wie es sie im deutschen Tageszeitungswesen nicht zweimal gab.

Also war Erich Brost ein großer Verleger? Gibt es da überhaupt einen Zweifel, wenn man sieht, was aus seiner Gründung geworden ist? Das Dilemma und gleichzeitig seine Bewältigung hat schon bei der Gründung begonnen. Erich Brost hatte, als er Chefredakteur der Ruhr-Zeitung war, einen Lokalredakteur namens Jakob Funke kennengelernt, an den er sich nun als einen in praktischen Dingen begabten Mann erinnerte. So begabt war Funke, daß er die Anfrage Brosts, bei der Herausgabe der WAZ zu helfen, gern bejahte – allerdings nur unter der Bedingung, zur Hälfte am Verlag beteiligt zu werden. Dort kümmerte er sich erst um Druckerei und Vertrieb, aber irgendwann auch um die Inhalte des Blattes. Bald stapelten sich, so erinnert sich heute Brost, die Briefe des Kollegen Verlegers an ihn, in denen stand, die Zeitung sei viel zu sozialdemokratisch.

Das war schon eine wunderbare Konstruktion: Einerseits wurde das Klima zwischen den Partnern vor allem aus politischen Gründen immer giftiger, andererseits ergänzten sie einander zum Wohle des Konzerns auf prächtige Weise. Der Konzern begann nämlich bald mit einer ziemlich ungenierten Expansionspolitik und verteidigte sein Revier mit allen nur denkbaren Mitteln gegen die Konkurrenz. Das verschaffte ihm nicht nur Freunde: Als im Jahre 1953 zum Beispiel der Altverleger Wilhelm Girardet durch einen regelrechten Preiskrieg in die Knie gezwungen wurde, weil er versuchte, mit seiner *Essener Allgemeinen Zeitung* wieder Fuß zu fassen auf dem Markt, gab es heftige Proteste gegen die allzu energischen Verleger der WAZ. Und auch all die Übernahmen – von der *Westfalenpost* über die *Westfälische Rundschau* bis zur *Neue Ruhr/ Neue Rhein Zeitung* – wurden von den Verfechtern der Pressefreiheit und Pressevielfalt aufs schärfste kritisiert, denn schließlich führten sie dazu, daß »ein einziger Konzern auf 20 000 Quadratkilometern vier Objekte besaß und mit ihnen rund drei Millionen Leser bediente«, wie das Branchenblatt *Neue Medien* schaudernd konstatierte. Noch sehr viel mehr wäre das alles freilich bekämpft worden, hätte es da nicht den Verleger Erich Brost gegeben. Der war schließlich Sozialdemokrat und war als solcher nicht so gefährlich – was wenigstens die SPD so sah, die in Nordrhein-Westfalen fast immer das Sagen hatte.

Der Erfolg änderte nichts daran, daß zwischen den beiden Partnern Funke und Brost und dann auch zwischen vielen weiteren Familien- und Verlagsangehörigen das Verhältnis immer bizarrer wurde – es hätte prächtig als Vorlage dienen können für eine dieser Fernsehserien, bei denen die Hauptdarsteller vor lauter Intrigen und Prozessen nicht mehr zum Arbeiten und Leben kommen. So war es auch in Essen: An einem Silvestermorgen des Jahres 1963 stellten die Herren Funke und Brost die mündliche Kommunikation ein, später überwarf sich Brost mit seinem Sohn Martin, dem er bereits die Gesellschaftsanteile übertragen hatte, der aber eines Tages versuchte, gegen den Vater zu putschen und sich auf die andere Seite zu schlagen. Der Sohn wurde enterbt, die beiden »gegnerischen Lager« (Brost) überzogen einander mit Prozessen, bei denen es um Machtabgrenzungen ging und um komplizierte gesellschaftsrechtliche Fragen und endlich immer mehr um das Problem, wie alles weitergehen sollte, wenn die Altverleger einmal nicht mehr sein würden. Funke starb Anfang 1975 (und hinterließ vier Töchter), Brost fand seinen Sohn mit einer dreistelligen Millionensumme ab, die nächste Generation der beiden Lager aber ist auf eine Weise in ihre Funktionen eingesetzt worden, die sich vermutlich nur bedingt als Musterlösung für andere deutsche Verlage eignet: Das Lager Funke wird von Geschäftsführer Grotkamp vertreten, der eine Tochter Funkes geheiratet hat, das Lager Brost wiederum durch den Rechtsanwalt Schumann, den Brost praktischerweise adoptierte.

Gemeinsam, mehr oder weniger gemeinsam, sind die beiden stark, haben allein die WAZ auf täglich 665 000 Exemplare hochgebracht, mit dem Konzern in den besten Jahren Umsatzrenditen von circa 20 Prozent erwirtschaftet und darüber hinaus ihre Aktivitäten weit über das Ruhrgebiet hinaus vorangetrieben. »Wenn sich was bietet, langen wir zu«, hatte dieses Motto der Adoptivsohn Schumann auf unnachahmliche Weise formuliert. Vor allem in Österreich hatte sich etwas geboten, woraufhin sich die WAZ-Gruppe mit einem spektakulären Coup bei den beiden Blättern *Kronenzeitung* und *Kurier* einkaufte.

Natürlich stieß auch das auf Kritik, vor allem in Österreich, wo ein Teil der öffentlichen Meinung von einem »zweiten Anschluß nach 1938« redete. Aber das ist erstens in vieler Hinsicht ein unsinniger Vergleich und wird zweitens von Grotkamp und Schumann regelmäßig mit dem Hinweis zurückgewiesen, es könne schon deshalb zu keiner Behinderung der Meinungsfreiheit kommen, weil es sich ja nur um eine »zeitungswirtschaftliche Übernahme handele«. Mit anderen Worten: Was die Redaktionen tun, geht die Verleger nichts an, ist auch nicht so wichtig, denn schließlich geht es um Geschäfte.

Der alte Mann Erich Brost hat das alles sein Leben lang anders gesehen. Jetzt sitzt er in seinem Büro, hat die Zeitungen *Krone* und *Kurier* auf seinem Schreibtisch liegen und ärgert sich schwarz, wenn in der *Krone* wieder einmal die reaktionäre Politik des Jörg Haider unterstützt wird. Ist der Konzern nicht sogar an RTL beteiligt? Ja, sagt Erich Brost, »aber das Programm ist schrecklich«.

So kann es kommen, wenn ein anständiger Mann Erfolg hat im Leben.

Gerd Bucerius oder: Die Freude am Dramatischen

Man sollte vielleicht einmal darauf hinweisen, daß in völliger Ruhe keine guten Zeitungen gemacht werden können. In Hamburg beispielsweise konnte man über Jahre hinweg in einer bestimmten Gegend in größeren Abständen von außen die Fensterscheiben klirren hören: Dann erzählte man sich wieder in der Stadt, Bucerius habe bei einer Konferenz – fäusteschüttelnd – sein »Lebenswerk in Gefahr gesehen«, weil irgend so ein junger Schnösel in seiner Zeitung die Wiederauferstehung des Sozialismus verlangt hatte ..., nein, das doch nicht: aber immerhin eine Pünktchen-Linie um das Impressum des *Zeit*-Magazins hatte ziehen wollen und lauter solche Sachen. Ein andermal wieder stauchte der Jung-Verleger Helmut Schmidt die Redakteure eben dieses Magazins furchtbar zusammen, weil sie einem Kolumnisten erlaubt hatten, die Bundeswehr zu beleidigen. (Hinterher bedankte sich in diesem Fall übrigens die Redaktionsspitze beim Sprecher des Verteidigungsministeriums, daß er in einen Leserbrief »mit unserem freien Mitarbeiter so glimpflich umgegangen« sei, woraufhin wiederum einige Fensterscheiben klirrten in der Redaktion, die soviel Kleinmut ziemlich unerträglich fand.)

So war das eigentlich immer in der *Zeit*. Es gehörte in diesem Blatt (und am Rande dieses Blattes) wirklich dazu, daß man den Chefredakteur Theo Sommer erleben konnte, wie er an einem schönen Maitag beim Italiener Paolino einen jungen Redakteur – wegen der oben erwähnten lebenswerkgefährdenden Pünktchen-Linie nämlich – dermaßen anbrüllte, daß dieser sich nicht mehr anders zu helfen wußte, als dem Chefredakteur den Mund zuzuhalten. Jawohl, und dann wunderte man sich in den besseren Kreisen Hamburgs wieder mal über soviel Temperament in einer so vornehmen Zeitung, die doch von lauter besterzogenen Leuten in einer überaus besterzogenen Stadt gemacht und sozusagen von allen Besterziehern des Landes pflichtgelesen wird. Natürlich nicht nur von diesen, schon klar.

Rätsel sind dazu da, gelöst zu werden, und so sitzen wir an einem heiteren Wintertag des Jahres 1992 dem Verleger Gerd Bucerius gegenüber, dem diese Zeitung im wesentlichen zu verdanken ist, und versuchen herauszufinden, was da so brodeln mag im Hamburger Vulkan, dem man auf den ersten Blick wirklich nicht anmerken würde, daß er überhaupt einer ist. Gerd Bucerius würde man allerdings auf den ersten Blick auch nicht anmerken, daß er ein Verleger ist, wenigstens nicht heute. Höchstens seinem wunderschönen Haus am Leinpfad würde man das vielleicht ansehen, in dessen hohen lichten Räumen tausend Bücher stehen und wunderbare Bilder hängen, auf denen englische Landschaften abgebildet sind oder auch die »veritable Punsch-Gesellschaft«.

Wie der Mann so dasitzt an diesem Vormittag – weißes T-Shirt, rotes Hemd, kariertes Sakko –, sieht er aus, wie ein alt gewordener Country-Sänger, oder genauer noch, wie ein emeritierter jüdischer Hochschullehrer, der sich gegen Ende seiner Laufbahn einen Spaß daraus macht, sich anzuziehen wie ein alt gewordener Country-Sänger. Leider, aber das ist eine andere Geschichte, sieht er an diesem Vormittag auch ziemlich gebrechlich aus: Der Country-Sänger hat nicht lange vor unserem Gespräch eine schwere Operation hinter sich und kommt gerade vom täglichen Besuch im Krankenhaus, »wo sie mir immer was durchs Gehirn und die Arterien blasen«.

Warum also, Herr Bucerius, so viel Krach in ihrem Idyll, so viel Blitze in heiterer englischer Landschaft gleich an der Alster? Es hängt wohl, denkt der Besucher nach vielen Stunden Gespräch, mit einer simplen Tatsache zusammen, die man sich gar nicht so bewußt macht, wenn man Zeitungen nur liest, besonders deutsche: mit der Tatsache nämlich, daß

Zeitung machen eine überaus nervenzerfetzende Sache sein kann. Jedenfalls dann, wenn man das Geschäft so versteht, wie Gerd Bucerius es ein Leben lang getan hat.

Sein Leben als Verleger hat begonnen, als Bucerius (Jahrgang 1906, gebürtiger Westfale, studierter Jurist) schon 40 Jahre alt war – und der Beginn hat sich nicht so sehr unterschieden von dem anderer Verleger-Karrieren: Eines Tages hat er, unbelastet von jedem Nazi-Verdacht, zusammen mit drei anderen Glückskindern von den Besatzern eine Zeitungslizenz geschenkt bekommen, welche in Wahrheit, wie der Beschenkte dreißig Jahre später einmal schreiben sollte, »so etwas wie eine Lizenz zum Gelddrucken war«. Nur, daß es von da an erst so richtig kompliziert wurde, vor allem wegen der tausend Möglichkeiten, die in diesem Gewerbe auf der Straße lagen (oder auch mal in einer lebensgefährlichen Kurve). So viele, auch gegensätzliche Entwicklungen waren ja denkbar: Hätte jeder Lizentiat der Jahre 45 und 46 mit seinen Talenten so gewuchert wie dieser hier, dann wäre das Land jetzt vielleicht besser ausgestattet mit jenem interessanten Jorunalismus, der ohne große Verleger kaum eine Chance hat; wäre andererseits Bucerius noch erfolgreicher gewesen, so gäbe es vielleicht längst einen Bucerius-Konzern, der den alten Mann zum Ehrenvorsitzenden des Aufsichtsrates gewählt hätte und nun statt einer hart kämpfenden Wochenzeitung zehn Spezialblätter herausgäbe für Gruppendynamik, Surfen und Zeitgeist.

Daß er für diese zweite Gefahr durchaus anfällig war (nämlich ein Mediengigant zu werden, ziemlich egal, auf welchem Gebiet), wird man ohne weiteres behaupten dürfen. Bucerius in seiner Eigenschaft als Geschäftsmann – das war von Beginn an eine unendliche, kaum noch entwirrbare Kette von Versuchen, Macht hinzuzugewinnen, sich auszubreiten, mit neuen Partnern das Jahrhundert in die Schranken zu fordern und alte Partner, oft genug vor den Schranken der Gerichte, wieder abzustoßen, wenn das Jahrhundert sich als sperrig erwies. Ob Spiegel oder Gruner + Jahr, ob Holtzbrinck oder Bertelsmann: Kaum einen großen deut-

Ein Glückskind wird Verleger: Gerd Bucerius im Jahre 1914.

schen Verlag gibt es, mit dem Bucerius nicht wenigstens einmal geflirtet oder sich liiert hätte, nur um dann irgendwann das Verhältnis wieder leid zu sein oder es sich vom Kartellamt verbieten lassen zu müssen. Und wozu das Ganze, wozu die endlosen Streitigkeiten und Prozesse, die schon anfingen, kaum daß die neuen Lizenzträger so recht verstanden hatten, was ihnen da vom Schicksal und den Briten geboten worden war? Ganz eindeutig auch dazu, weil ein Verleger vom Schlage Bucerius ehrgeizig ist, expandieren will und sich nicht so schrecklich viel daraus macht, ob er das nun mit Hilfe der *Welt* tut, (die Bucerius immer gern gehabt hätte) oder der Zeitschrift *Madame* (an der er auch einmal beteiligt war, genau wie am *Spiegel* oder an der *Wirtschaftswoche* oder, sowieso, am *Stern*).

Es könnte sogar sein, daß sich unser Gastgeber auf der anderen Seite des Tisches insoweit am Ende seiner Laufbahn ein wenig gescheitert fühlt, jedenfalls läßt er so etwas durchblicken in den melancholischen Augenblicken des Gesprächs: Wenn er sich nicht zwei Jahre lang so furchtbar hätte streiten müssen mit seinem Lizenzkollegen und zweiten Chefredakteur Richard Tüngel, »wenn uns das nicht so zurückgeworfen hätte«, sagt er mittendrin, »dann wäre ich da, wo heute Springer ist«. Über die Frage, wo heute Springer steht, reden wir dann aber nicht: Außer daß Bucerius irgendwann so nebenbei seine Vermutung einwirft, in mancher Hinsicht sei Springer »geisteskrank gewesen«.

In Wahrheit ist Bucerius alles andere als gescheitert, er hat nur eine Menge Nerven verbraucht in seiner Eigenschaft als Kaufmann und vor allem als Verleger, der mit einer besonderen Ware sein Geld verdient und von dieser Besonderheit auch sehr genau weiß. Was die kaufmännische Seite angeht, so muß man vielleicht die »Abgründe« nicht völlig wörtlich nehmen, an denen unser Gastgeber ein Leben lang entlanggetorkelt sein will und bei deren Beschreibung dem Gast schon vom Zuhören schwindlig wird: Der Mann, sagen seine Freunde bewundernd, hat schon immer viel Freude am Dramatisieren gehabt, darum liebt er ja auch den Journalismus so sehr. Aber wahr wird schon sein, daß die *Zeit* einige Male am Rande des Zusammenbruchs war (Bucerius sagt, 1951 sei er so verschuldet gewesen, »daß mir nicht einmal der Stuhl gehörte, auf dem ich saß«). Und wahr ist weiter, daß bis heute in kaum einem anderen Pressehaus so schnell die Krise ausgerufen wird wie in dem am Hamburger Speersort, und sei es nur deshalb, weil die Auflage ein wenig unter 500 000 gesunken ist oder die Anzeigen beim *Zeit*-Magazin zurückgegangen sind. Damals im Oktober 1970, als dieses Magazin – erfunden zum Zwecke der Auflagensteigerung und der Akquisition von Farbanzeigen – nicht gleich ein Erfolg wurde, sei er ein Großkonsument von Beruhigungsmitteln geworden, schreibt Bucerius vier Jahre später: »Ich kann der Firma Hoffmann-La Roche für ihr Valium, Librium, Nobrium, Limbatril ein gutes Zeugnis ausstellen.«

Nun dürfen wir gewiß nicht ausschließen, daß jemand wie Bucerius einen solchen Satz erstens schreibt, weil er von Natur aus heftig am Geld hängt und sein Leben lang ehrlich Angst hatte, er könne wieder arm werden, und weil er zweitens nichts gegen gute Beziehungen zur Pharma-Industrie hat; die ist als Anzeigenkundin (Stellenanzeigen!) nicht unwichtig, weshalb er deren wichtigste Unternehmen im Zweifel schon persönlich angeschrieben und besucht hat. Aber gerecht würde man ihm mit einer solchen Bemerkung nicht: Zum einen deshalb nicht, weil Bucerius nachweislich immer auch einer von jenen Verlegern gewesen ist, die sich von Anzeigenkunden nicht erpressen ließen, und wenn einer das doch versuchte, dem Kunden schon mal mit einem pampigen Brief mitteilte, daß »Anzeigen Ihres Hauses nicht mehr entgegengenommen werden«. (Die Redakteure haben in der Regel von solchen Vorfällen nichts erfahren, höchstens, daß Bucerius auf einer Party einen Kollegen mit dem Satz beglückwünschte: »Das war übrigens ein wunderbarer Artikel, lieber B. Auch ganz schön teuer, gut 'ne Million.« Und um dann anzufügen: »Wenn Sie sich das so zu Herzen nehmen, erzähle ich Ihnen nie wieder was.«) Und außerdem ist es so, daß dieser Verleger sein ganzes Leben hindurch, obwohl er in dieser Disziplin doch sehr geschickt gewesen wäre, eben nicht nur Geld verdienen wollte. Gleichzeitig und vielleicht doch zuallererst wollte er sich nämlich einmischen mit seiner Arbeit in die Diskussion der öffentlichen Zustände: Und das erklärt dann wohl endgültig manche Vulkanausbrüche in der Hamburger Innenstadt.

Wir sind jetzt aber auch schon ziemlich nah am Rande des Kraters, soweit es überhaupt ratsam ist, hineinzuschauen. Was da an Lava herausquillt, sind vor allem Fragen: Was darf ein Verleger? Was soll er dürfen? Wieviel Sendungsbewußtsein benötigt er? Und wieviel davon würde seine schönen Zeitungen kaputtmachen und uninteressant?

Das Dilemma des Doktor Bucerius: Selber ein hochpolitischer Mensch zu sein – und zu wissen, daß niemand eine Zeitung kaufen würde, die immer nur *seine* hochpolitischen Ansichten drucken würde, die sich übrigens sowieso dauernd ändern, wie bei jedem vernünftigen Menschen.

Was sein politisches Temperament anging und also seine Unberechenbarkeit, so war dieser Zeitungsverleger von Anfang an kaum zu schlagen: Geht in die CDU und ruft den »Staatsnotstand« aus, als Kurt Schumacher wegen Kanzlerbeleidigung für dreißig Tage vom Bundestag ausgeschlossen wird; sitzt für die Christdemokraten im Bundestag und verlangt den Rücktritt des Altnazis Oberländer; bewundert Adenauer und initiiert ein Volksbegehren gegen ihn, als der Bewunderte den Rivalen Erhard »auf Null bringen« will. Und daneben gehören ihm noch Zeitungen, in denen bei weitem nicht so geschrieben wird, wie seine Partei es möchte: Natürlich ist es nur eine Frage der Zeit, bis zumindest diese beiden Aspekte seines Lebens nicht mehr zusammenpassen. Als der *Stern* im Jahre 1962 die – inzwischen auch von Theologen eher negativ beschiedene – Frage stellt, ob in der Hölle wirklich Feuer brenne, diskutiert der CDU-Parteivorstand in allem Ernst darüber, ob diese Veröffentlichung »mit der Mitgliedschaft des Verlegers in der CDU/CSU-Fraktion zu vereinbaren ist«. Und bevor diese Frage endgültig beantwortet ist von mehreren Schiedsgerichten, die vermutlich nicht umhingekommen wären, in der Hölle einen Lokaltermin vorzunehmen, verläßt Gerd Bucerius Partei und Fraktion. (Später hat der Autor jenes Artikels übrigens Hand an sich gelegt, was Bucerius zu der witzigen Bemerkung veranlaßt hat: »Nun weiß er es.«)

Sehr viel Intellektuelle und Liberale hat die Union seither

Gerd Bucerius lebt ständig in der Krise und ist trotzdem oft bester Laune. Hier während seiner Zeit als Bundesbeauftragter für die Förderung der Berliner Wirtschaft 1952-1957.

nicht mehr in ihren Reihen begrüßen dürfen, aber das ist ein anderes Thema. Unser Thema ist, daß Bucerius mit seinem Austritt aus der Partei selbstverständlich seine politischen Ansichten nicht an der Garderobe des Bundestags abgegeben hat und schon gar nicht seine tief verwurzelte Meinung, daß jemand, der das Risiko des Verlegers trägt, verdammt noch mal bestimmen dürfe, was in seinen Zeitungen steht. Einerseits. Andererseits auch wieder nicht. Und in diesem Zwiespalt liegt der Charme der Spielart vom Zeitungsmachen, wie sie Gerd Bucerius verkörpert.

Sein ganzes Leben lang, wenn wir ihn richtig verstehen, ist er da hin- und hergerissen worden – und daß er immer die beste Figur gemacht hätte, wird er selbst nicht behaupten wollen, das wäre wohl auch gar nicht möglich gewesen. Manchmal hat er direkt eingegriffen in die Arbeit seiner Redakteure (und beispielsweise einen *Stern*-Artikel über die Gefahren der Atomrüstung ohne Rücksprache mit den Journalisten aus dem Blatt genommen). Dann wieder hat er Chefredakteuren in den Sattel geholfen (Marion Gräfin Dönhoff, später Theo Sommer, Robert Leicht), von denen er politisch meilenweit entfernt war, von denen er aber eben doch dachte, so oder so ähnlich müßten seine Journalisten gestrickt sein, wenn das Blatt lebendig bleiben sollte. Und oft genug war es dann so, daß er sich so lange über die Artikel in seiner Zeitung geärgert hat, bis er persönlich zur Schreibmaschine griff und – übrigens meist sehr geschliffen – das Gegenteil dessen schrieb, was die von ihm bezahlten Autoren ausgeführt hatten. In solchen Fällen, vor allem wenn der Autor Bucerius wieder einmal besonders heftig gegen jeden Gewerkschaftsfunktionär oder gegen Oskar Lafontaine gewütet hatte, erwies es sich als vorteilhaft, daß der Autor Bucerius mit dem gleichnamigen Eigentümer sehr nahe verwandt war. Anders ausgedrückt: Viele der Artikel des Gerd B. wären, hätte sie Herr Maier geschrieben, nie in der *Zeit* gedruckt worden; aber erstens gilt auch unter Journalisten der eherne Grundsatz, daß manche von ihnen gleicher sind als die anderen. Und zweitens war das Ganze offenbar eine

Art Deal: Die Redaktion bekam das von ihr heftig begehrte Redaktionsstatut, dafür bekam Bucerius das Recht, auf seine Redakteure im Blatt gelegentlich ein wenig einzuprügeln.

Übrigens verdankt sich dem »politischen Temperament« des Gerd Bucerius sicherlich auch die eher merkwürdige Idee, einen ehemaligen Bundeskanzler zum Verleger und Herausgeber zu machen. Was ihn da geritten hat, ist vermutlich nur zu verstehen, wenn man sich die Interpretation des früheren *Zeit*-Redakteurs Cordt Schnibben zu eigen macht, der in einem hinreißenden Artikel die politische Redaktion der *Zeit* als eine Art »publizistisches Nebenkabinett« beschrieben hat und es deshalb als völlig folgerichtig empfand, daß »die Verpflichtung eines Kanzlers, notgedrungen eines ehemaligen«, für Bucerius der Höhepunkt eines Verlegerlebens gewesen sei. Vielleicht hätte man es aber doch mit der Verpflichtung und dem daraus resultierenden Presseecho sein Bewenden haben lassen sollen: Als Herausgeber ist Schmidt den Redakteuren vor allem dadurch aufgefallen, daß er ihnen erklärt hat, wie schlecht der Eindruck auf seine Besucher sei, wenn sie auf den Fluren vor ihren Zimmern alte Zeitungen herumliegen ließen; ob Schmidt »gut schreiben« könne, ist immerhin umstritten. Und ein Verleger, das sagt nun wieder Bucerius, sei Helmut Schmidt nun wirklich nicht; dazu müßte der den Journalimus für eine sinnvolle Betätigung halten und Journalisten für wenigstens potentiell interessante Menschen, was er nachweislich noch nie getan hat.

Aber nun gut, jeder darf sich einmal irren, zumal Schmidt immerhin eine Menge Sachverstand und politische Intelligenz einbringt; und ein Zeitungsbesitzer darf sich sowieso irren, schließlich impliziert die ihm im Grundgesetz verbriefte Meinungsfreiheit das Recht auf Irrtum. Dieser hier hat immer gefährlich gelebt: Stets ist Bucerius auf diesem schmalen Grat gewandert, von dem aus gesehen sich links und rechts in der Tat die tiefsten Abgründe aufgetan haben. Er wollte politisch Einfluß nehmen, wußte aber – das sagt er auch gerade wieder bei unserem Mittagessen –, daß er keine

Parteizeitung machen durfte; wollte in seiner Zeitung das Sagen haben, wußte aber, daß er seiner hochkomplizierten Redaktion nicht allzuviel zumuten durfte. Sogar das soeben erwähnte Redaktionsstatut ist so entstanden, das eine gewisse Mitbestimmung der Redaktion etablierte, vor allem in personellen Angelegenheiten. Er habe, sagt Bucerius, »davon die Vorteile kassiert«, nämlich, »daß das damals die Redaktion ungeheuer mobilisiert hat«. Über die Nachteile aus seiner Sicht mag er gar nicht laut nachdenken, da behilft er sich mit ein paar unheilschwangeren Abers …

Bei alledem ist dann eine der interessantesten und wichtigsten Zeitungen der Republik entstanden, eine, unter der der Verleger manchmal genauso leidet, wie das gelegentlich der Leser tut. Und eine, die gewiß sehr typisch geworden ist für den intellektuellen Diskurs in diesem Land. All die Jahre über ist die *Zeit* so etwas gewesen wie die Stimme der Vernunft, ein Organ der liberalen Gewissenserforschung, hat sie dafür gekämpft, »daß der notwendige Schutz des Staates den Freiraum der Bürger nicht ungebührlich einschränkt«, wie es Gräfin Dönhoff in ihrer Dankesrede für die Verleihung des Heinrich-Heine-Preises formuliert hat. Weil aber natürlich nie klar war und sein wird, wann der Schutz des Staates anfängt, notwendig zu sein, und der Freiraum des Bürgers beginnt, ungebührlich groß zu werden, haben alle kontroversen Debatten der Republik auch in den Spalten der *Zeit* getobt, erfreulicherweise so, daß man die unterschiedlichen Meinungen und Temperamente der Redaktion mit bloßem Auge erkennen konnte.

Nur in der *Zeit*, in der Zeit ihrer besten Jahre, war das möglich: Daß der Verleger über die Affäre Traube einen staatstragenden Artikel (»Geheimnisverrat«) schreiben konnte, daß aber der Chefredakteur zum selben Fall einen Artikel beim Freund und Konkurrenten Augstein bestellte, in dem es hieß: »Buci, einen solchen Schwachsinn hätten Sie uns nicht vorsetzen dürfen.« Nichts langweiliger schließlich als eine Zeitung, deren Standpunkte zu jedem Thema dieser Welt man durch Handauflegen erkennen kann; wenn ihm sein Blatt zu links, ein junger Redakteur zu grün wurde, konnte man sich sowieso darauf verlassen, daß der Eigentümer-Verleger ihn öffentlich zurechtweisen würde. Für den Betroffenen war das selten angenehm, aber immer noch besser als die knappen Hinweise, mit denen andere Verleger unter vier Augen ihrem Chefredakteur bedeuten, daß aus diesem oder jenem Mitarbeiter tunlichst nichts werden soll.

Natürlich ist es nicht die reine Wahrheit, die schiere Vernunft, die da wöchentlich aus den Seiten der *Zeit* quillt. Die ist sowieso nirgends zu haben – und mit seinen Irrtümern stand auch dieses Blatt weiß Gott nicht allein, auch nicht in den Jahren vor dem Zusammenbruch des Sowjetsystems, den besten Jahren des Blattes. Die *Zeit* hat, mit besten Gründen, gegen Feindbilder aller Art gekämpft – und dabei wie die meisten von uns manchmal übersehen, daß nicht jede Nachricht über den ideologischen Gegner ein Greuelmärchen war. Die *Zeit* hat – natürlich – gegen Diskriminierung Andersartiger und Andersdenkender plädiert und dabei dann, in einem bemerkenswerten Aufsatz von Marion Dönhoff, »Homosexuelle, Kommunisten, Juden, Ausländer, Zigeuner« in Schutz genommen, bis endgültig alle Äpfel, Birnen und Bananen miteinander verglichen waren. »Die Amerikaner halten den Kommunismus für gotteslästerlich, die Sowjets den Kapitalismus für Teufelswerk«, hieß das Fazit dieses in vieler Hinsicht typischen Artikels, den so oder so ähnlich viele von uns hätten schreiben können, weil wir uns in Wahrheit nicht die Mühe machen wollten, so ganz genau hinzuschauen, und weil es für uns auch einigermaßen bequem war, nicht immer präzise zu wissen, was das KGB in den Irrenanstalten machte und was die Staatssicherheit mit einem ganzen Volk.

Immer hatte ja unser aller nur allzu vernünftige Wunsch, mit »dem Osten« auszukommen, auch den Aspekt, daß der uns schon in Ruhe lassen wird, wenn wir nicht allzusehr auf ihn eindreschen: Auch deshalb wohl sind *Zeit*-Redakteure zweimal in die DDR gefahren zu großen Reportagereisen, von deren Ergebnissen den Autoren inzwischen wohl auch nicht mehr bei jedem Wort wohl ist, wenn sie es heute nachlesen – und denen in mancher Hinsicht übrigens schon damals Gerd Bucerius heftig widersprochen hat: Er hielt die deutsche Einheit für unaufhaltsam und hat das mehrmals, zum Beispiel im Jahre 1984, geschrieben, als viele von uns sie schon mehr oder weniger abgeschrieben hatten. Im übrigen gilt das für den Journalismus im ganzen, der gerade die blendendsten und schnellsten Schreiber immer wieder dazu verführt, nach einem Putsch gegen Gorbatschow, wie Theo Sommer das getan hat, präzise zu analysieren, warum alles genauso kommen mußte, wie es gekommen ist. In der nächsten Ausgabe, wenn dann der Putsch gescheitert ist, wird eben das Gegenteil bewiesen.

Wahrscheinlich sind es gerade die besten Zeitungen, an deren Geschichte und Geschichten sich am eindrucksvollsten ablesen läßt, wie schwierig Journalismus ist. Seriös soll er sein und originell genug, daß man im Gespräch bleibt, gründlich soll er sein, aber dann auch wieder so schnell, daß einem Feuilletonchef vielleicht wirklich nicht genug Zeit bleibt, um nachzusehen, ob Goethe am Frankfurter Bahnhof spazierengegangen sein kann. Und dann soll Journalismus noch geschäftlich erfolgreich sein: Muß man sich da wundern, daß bei soviel Streß immer mal wieder die Fensterscheiben klirren? Ist es ein Zufall, daß es kaum eine Zeitung in Deutschland gibt, in der zu jedem runden Geburtstag die jeweiligen Herausgeber, Chefredakteure, Eigentümer einander in so ellenlangen Glückwunschadressen versichern, wie gern sie einander haben und wie genialisch sie sind? Wahrscheinlich ist das schon deshalb nötig, weil die Damen und Herren es sich sonst nicht glauben würden.

Einmal, erzählt der Verleger Bucerius, habe man sich so gestritten (»es ging um eine lächerliche Werbemaßnahme«), daß er gebrüllt habe, er werfe jetzt den Bettel hin, man solle sich doch einen anderen Verleger suchen: Da habe Marion Dönhoff Tränen in den Augen gehabt, allgemeine Verzweiflung sei ausgebrochen. Und es endete damit, »daß Marion und ich uns in den Armen lagen«.

Aber Marion Dönhoff ist 85, Gerd Bucerius bald 90. Und manchmal kann man auf den Fluren und Gängen der *Zeit*-Redaktion nun Journalisten treffen, die sich die lebhaften Tage zurückwünschen, an denen in Hamburg die Fensterscheiben zu Bruch gingen. Da wehte wenigstens ein verläßlich frischer Wind durchs Blatt.

Aenne Burda oder:
Ein ganz großes Wirtschaftswunder

Das Hochzeitsfoto zeigt eine strahlend schöne junge Frau, mit leuchtenden Augen und kurzen schwarzen Haaren, eine Locke hängt ihr in die Stirn. Der Bräutigam neben ihr ist viel ernster, der Blick entschlossen bis markig, die Haare kurz geschoren fast hinauf bis zur Hälfte des Kopfes, auf der rechten Wange sieht man einen Schmiß. Den Schmiß, sagt die Frau, »den hat er nicht in der Verbindung gekriegt, das sollte nur so aussehen, da hat er eigens jemanden beleidigen müssen, damit der ihn gefordert hat«. Das Foto ist vor 64 Jahren entstanden, die Frau, die es uns zeigt, ist nun 85 Jahre alt.

Man könnte Aenne Burda – in einem Atemzug mit Grete Schickedanz vielleicht – ohne große Übertreibung die erfolgreichste Frau der deutschen Bundesrepublik nennen, aber ob man das tut, hängt natürlich davon ab, wie man Erfolg definiert. Frau Burda ist keine Intellektuelle und keine Politikerin, sie hat weder die Debatten des Landes vorangetrieben noch eingegriffen in sein politisches Geschick. Sie hat nur viele Millionen deutscher Frauen dazu gebracht, Schnittmuster mit Hilfe merkwürdiger Rädchen auf Papier zu kopieren, ihre Nähmaschinen anzuwerfen, sich Kleider zu schneidern, die ein Stück schicker sein sollten als das meiste, was ihre Mütter und Großmütter ein Leben lang getragen hatten. Sie hat Stil gebildet und sie ist reich geworden darüber, fast über Nacht und in atemberaubendem Tempo, ist eine der erfolgreichsten Verlegerinnen geworden, die es je in der Welt gegeben hat. Eine Erklärung für diese unvergleichliche Karriere hat sie auch: »Das alles kommt nur vom Wirtschaftswunder.«

Das ist wahr und es ist auch nicht wahr, und warum das so ist oder auch nicht, verdient erzählt zu werden. Mindestens läßt sich vielleicht mit Aenne Burdas Hilfe einiges lernen über jenes Deutschland, das seine Kraft aus der Provinz bezieht, und über die Macht, die diese Provinz immer ausgeübt hat, während der deutsche Intellektuelle noch geglaubt hat, er müsse den Mächtigen aus Hamburg und Frankfurt, aus Berlin oder München die Charaktermasken vom Gesicht reißen. Offenburg, zum Beispiel, ist sehr weit weg von diesen Städten, auch hat es dort nie Studenten gegeben, die das Ausliefern von Zeitungen blockieren könnten, wenn sie es denn für erforderlich hielten; in solchen Städten, auch Gütersloh ist natürlich eine davon, hat man viel Zeit, sich aufs Wesentliche zu konzentrieren: auf das Drucken von Zeitschriften zum Beispiel, das, wenn die Konstellation günstig ist, genauso sinnvoll ist wie das Drucken von Geld.

Im Jahre 1928 lebt das kleine badische Städtchen Offenburg vor allem von dem Eisenbahnknotenpunkt, an dem es liegt; auch der Vater des Mädchens Aenne Magdalena Lemminger ist Lokomotivführer, was aber in der kleinstädtischen Hierarchie offenbar wenig zählt, sonst würde Aenne nicht viele Jahre später immer wieder von den scheußlichen Jahren im Mädchenpensionat erzählen und davon, wie sehr sie dort unter den arroganten Töchtern der höheren Beamten gelitten habe. Nichts hat die Familie gemein mit der des 25jährigen Franz Burda, dessen Vater gesellschaftlich schon ein paar Stufen über den Lemmingers angesiedelt ist, obwohl es sich immer noch um den unteren Mittelstand handelt: Der Vater Burda ist aus Philippsburg herübergekommen, betreibt eine kleine Druckerei im Hintergebäude des Metzgers, mit dem er befreundet ist. (Aenne B.: »Der hat zu viel Wurst gegessen bei seinem Freund, drum ist er auch nur 56 Jahre alt geworden.«) Das verlegerische Standbein der kleinen Druckerei, wenn man es so nennen darf, ist eine südwestdeutsche Radiozeitung namens *Sürag*, die von Radiohändlern gleichzeitig mit dem Gerät verkauft wird, was man bestimmt eine glänzende Vertriebsidee nennen kann.

Trotzdem scheint das Bein nicht sehr muskulös gewesen zu sein, was sich für Aennes weiteres Leben als wichtig erweisen sollte. Wäre die Druckerei Burda ganz gesund gewesen, dann hätte sie nicht laufend Schulden gehabt beim Offenburger Elektrizitätswerk und es wäre nicht nötig gewesen, den hübschen Lehrling Aenne zum Eintreiben der Schulden loszuschicken. »Ich habe den Kassierer gehaßt dafür«, sagt Frau Aenne heute, aber andererseits war es halt so, daß sie bei dieser Gelegenheit den Juniorchef der Firma kennen- und später lieben lernte. Im selben Jahr 1928 hat das Mädchen zum erstenmal Radio gehört, das war, als ihr neuer Freund sie am Karfreitag mit nach Hause genommen hat, wo sie sich gemeinsam die Matthäuspassion angehört haben.

Den jungen Franz Burda wollen wir uns einmal als tüchtig, wendig, anpassungsfreudig vorstellen: Er sei mit Leib und Seele Drucker gewesen, übrigens sein ganzes Leben lang, sagt seine Witwe, einer, der ganz früh gewußt habe, daß die Zukunft im Tiefdruck liege. Die Redaktion für die Radiozeitung habe er nebenbei ganz allein erledigt; wenn es sein mußte, hat er schon damals ein wenig für das Blatt geschrieben – den Tonfall seiner Leser hat er vermutlich besser getroffen als mancher professionell-weltstädtische Journalist. Das war auch später eine seiner Stärken, sosehr in der Branche über manchen allzu biederen Text gegrinst wurde. Im Juni 1931 haben die beiden geheiratet. Sie habe ihren Mann geliebt, sagt Aenne, und sagt ehrlicherweise gleich dazu, das sei ja »schon auch was gewesen für ein kleines Eisenbahnermädel«. Nur die Mutter hat dieser Aspekt des gesellschaftlichen Aufstiegs offenbar nicht übermäßig begeistern können, »die hat mich noch kurz vor der Hochzeit mit dem Kochlöffel geprügelt«. Heute meint sie, gerade dieser Kampf mit der Mutter habe sie stark gemacht für spätere Kämpfe.

In der neuen Familie ging erst einmal alles seinen guten Gang: Nacheinander wurden drei gesunde Buben geboren, Franz, Frieder und Hubert, auch im Geschäft ging es langsam aufwärts, trotz der politischen Lage und der inzwischen an die Macht gekommenen neuen Herren, die allerdings hier im Badischen vielleicht nicht gar so schrecklich auftrumpften

Eine Mutter wird plötzlich Verlegerin: Aenne Burda und ihre Söhne. V.l.n.r.: Frieder, Hubert und Franz Burda.

wie in Berlin oder München. Trotzdem mußte man sich anpassen: Als nach 1933 die Radiozeitschrift Sürag verboten wurde, entdeckte der Verlag als neues Betätigungsfeld für sich das Drucken von Wehrmachtskarten und Luftbildplänen, mit dem sich bald gutes Geld verdienen ließ. Die Familie, sagt Aenne Burda, habe die Nazis gehaßt – aber übertrieben demonstrativ scheint sie das auch wieder nicht getan zu haben, nicht so, daß Franz Burda nicht Mitglied hätte werden können im NS-Kraftfahrer-Korps und später in der Partei. Man hat sich halt eingerichtet und im übrigen wird schon stimmen, was Aenne Burda über ihren Mann auch der späteren Jahre sagt: daß er nämlich ganz unpolitisch gewesen sei, daß ihn immer mehr die Macht und die Aura von Strauß und Filbinger zum Beispiel interessiert hätten als das, was die politisch wollten.

Eine gewisse Flcxibilität ist dem Verleger dann auch nach dem Krieg schnell nützlich, Franz Burda spricht französisch und kann gut umgehen mit den neuen Herren, für die er bald die Soldatenzeitung drucken darf. Er druckt sie neben Schulbüchern und Briefmarken und – von 1948 an – zum ersten Mal neben einer Illustrierten, die da noch *Das Ufer* heißt, bevor später die *Bunte Illustrierte* daraus wird, das Zentralorgan für alle Offenburgs der jungen Republik, von denen es nach einem Lieblingssatz des Verlegers »zehntausend gibt in Deutschland«. Franz Burda ist inzwischen schon ein wohlhabender Mann mit einer schönen Frau und drei halbwüchsigen Söhnen, welche er, oft genug vor Publikum, streng erzieht, auch schon mal handgreiflich; eine Freundin hat er auch, was in unserem Zusammenhang nur insofern interessant ist, als dieser Tatsache die Entstehung des Imperiums der Aenne B. zu verdanken ist. Die Freundin hatte nämlich eine Modezeitschrift namens »Effi-Mode«, die bei der Burda-Druckerei mit 200 000 Mark verschuldet war – und genau diese hochdefizitäre Zeitschrift schenkte nach dem Ende jener Affäre der Verleger Burda seiner Frau mit der Auflage, die Schulden zurückzuzahlen. Schon nach einem Jahr, sagt sie, habe sie das auf Heller und Pfennig gekonnt, »unter anderem habe ich mich auch deshalb so angestrengt, weil ich meinem Mann unbedingt beweisen wollte, daß ich zu so was in der Lage bin«.

Sie war in der Lage, und ein Wunder war das schon, in jeder Hinsicht – erst einmal wegen der Person, die da so raketenartig nach oben kam. Ziemlich unbestreitbar war ja, daß Aenne Burda so gut wie nichts mitgebracht hatte, was sie nach landläufiger Ansicht zur Chefredakteurin und Verlegerin von Modezeitschriften, zur Chefin eines Konzerns qualifiziert hätte. Weder hatte sie das Verlagsgeschäft gelernt noch den Journalismus, noch kannte sie sich (»davon hab' ich gar nichts gewußt«) auch nur ansatzweise in der Modebranche aus. Was sie allerdings hatte, sagen Zeugen aus jener Zeit, war eine bemerkenswerte Mischung aus Charme und Kraft, Selbstbewußtsein und Geschmack.

Man kann sich heute eine solche Karriere nur mehr mühsam vorstellen – in einer Zeit, in der sich jeder größere Verlag genieren würde, wenn er keine eigene Journalistenschule gegründet hätte, in der die Verlagshäuser überquellen von lauter künftigen Vorstandsvorsitzenden, die als Trainees ausgebildet worden sind in der Nähe von amtierenden Vorstandsvorsitzenden. Aber wahr ist, daß da eines Tages eine 40jährige Hausfrau und dreifache Mutter per Kopfsprung in den Krokodilsteich der Medienbranche gehüpft ist, mit nichts ausgestattet als mit mittlerer Reife und kaufmännischer Lehre – und allerdings einem grenzenlosen Selbstvertrauen, das ihr schon in der Jugend zugeflogen war und über das sie heute noch staunt, wenn sie davon erzählt: »Gelernt hatte ich ja im Grund gar nichts, aber wenn mich damals einer gefragt hätte, was ich kann, dann hätte ich gesagt: Alles, von mir aus interviewe ich den Präsidenten.«

Ausreichend war es auf jeden Fall, was sie nun konnte, zumal in diesen Gründerjahren der zweiten Republik vielleicht gar keine Zauberei verlangt wurde, sondern nur gesunder Menschenverstand und viel Talent im Umgang mit Menschen, in diesem Fall vor allem mit Männern. Erst einmal hatte sie, im Gegensatz zu jener Dame mit den *Effi-Moden*, die geniale Idee, daß man ein Modeheft Anfang der fünfziger Jahre »handwerklich« aufziehen mußte, wie sie das nennt; also stellte sie als erstes eine Schneiderin ein, die für die Schnitte verantwortlich wurde, nach denen bald in ungezählten deutschen Haushalten Schürzen und Kleider, Röcke und Blusen geschneidert werden sollten. In komplizierten Situationen kombinierte sie das Selbstvertrauen mit ihrem guten Aussehen (»ich habe viel geflirtet«) – dann fuhr sie zum Beispiel (»vom Vertrieb hab' ich ja keine Ahnung gehabt«) zu einem Grossisten-Stammtisch nach Hamburg, wo sie lauter Männern, »die mich erst ausgelacht haben«, so lange einen Vortrag darüber gehalten hat, »wie toll unsere Zeitschrift ist, bis sie es mir geglaubt haben«. Von der großen Mode, wie gesagt, verstand sie nichts, allerdings war sie mit einem sicheren Geschmack auf die Welt gekommen. Und fleißig war sie natürlich, das allerdings sehr: Die ersten beiden Jahre nach der Gründung des Blattes ist Aenne Burda täglich von Offenburg nach Lahr gefahren zur Redaktion im »Gasthof zum Bädle«, einer Redaktion, die mit ihr aus drei Leuten bestand; vor halb elf nachts, sagt sie, sei sie da nie nach Hause gekommen. Das machte aber nichts, jedenfalls geschäftlich nicht. Zu Hause wurde über ihre Arbeit, über ihren Verlag sowieso nicht geredet, Franz war, was das anging, »sehr still, hat mich weder gelobt noch kritisiert«. Im übrigen war von Anfang an klar, daß die beiden Unternehmen »völlig getrennt« und nebeneinander aufwachsen würden und daß keiner der beiden Ehegatten dem anderen dreinreden würde. Aenne Burda hatte sich vollkommen emanzipiert, auch wenn das schlimme Wort nicht zum Sprachschatz einer badischen Kleinstadtfamilie der fünfziger Jahre gehört haben dürfte.

Schon wahr, Opfer mußten auch gebracht werden – der jüngste Sohn Hubert zum Beispiel, geboren im Jahre 1940, wird während einiger wichtiger Jahre seiner Entwicklung die Mutter so selten gesehen haben wie seinen Vater. Heute beklagt die Mutter manchmal, daß sie so wenig mit den Kindern spielen konnte, aber damals war das kein Thema: Auf solche Dinge konnte man in der Zeit des Wirtschaftswunders sowenig Rücksicht nehmen wie später, als dieses Wunder stabilisiert werden mußte. Es waren die Jahre, in denen nichts so wichtig war wie der Erfolg, und es waren die Jahre, in denen dieser Erfolg ohne falsche Scham genossen wurde: Kein Requisit ist auf den frühen Fotos der Familie Burda häufiger zu finden als der Sektkübel auf einem der zahllosen Tische, an denen der Senator im Smoking mit Frau und Freunden ein Fest feiert und seinen eigenen Ruhm; das Schöne an den Fotos ist, daß die Frau auf den meisten Bildern in immer noch einem neuen Abendkleid (oder maskiert als Femme fatale) eine Art Lebenslust ausstrahlt, die man nicht davon bekommt, daß man mit einem Großen der Welt verheiratet ist. Aenne Burda hatte es allein geschafft, hatte aus eigener Kraft ein wunderschön-riesiges Haus mit prächtigen Treppen in Offenburg gebaut, wie ihr das der Senator (»du kannst bauen, wenn du Geld hast, ich hab' keines«) anheimgestellt hatte; und sie war nicht darauf angewiesen, sich – wie ihr Mann das so gern tat – von der Belegschaft bei festlichen Anlässen feiern zu lassen: »Was unser Doktor Burda schafft / ist wahrhaft sozial / Er gibt uns Mut und Lebenskraft / ganz wirklich ideal.« Eitel, sagt Aenne Burda, sei sie weiß Gott auch gewesen, es scheint aber, sie war es irgendwie anders als der Gatte.

Die Burdas und die fünfziger Jahre – sie passen ganz besonders gut zusammen. In Bonn paffte Ludwig Erhard unermüdlich optimistische Kringel in die Luft (»ökonomisch gesehen sind 1,2 Millionen Arbeitslose noch lange kein Sturmsignal«), in Offenburg polierte der Verleger Burda (»autoritär, aber lustig«) an seiner *Bunten*, damit die immer noch ein wenig optimistischer und herzerwärmender und auflagenstärker werden sollte, mindestens genauso auflagenstark wie der miesepetrig-linke *Stern* in Hamburg, der immer an der Bundesregierung herumkritisierte und Bilder von nackten Mädchen druckte; einen Chefredakteur brauchte er für dieses Konzept nicht, das bißchen, was ein Journalist in Offenburg und für die Offenburgianer der Republik können mußte, konnte Burda selber, zum Beispiel, wenn es darauf ankam, für eine Farbreportage der Illustrierten den Nil in einer Bläue drucken, wie sie die *Bunte*-Leser vom Nil füglich erwarten durften. Was das Drucken in der immer modernsten Technik anging, konnte man dem Offenburger Verleger sowieso nie etwas vormachen.

Alles ging ununterbrochen aufwärts in diesen Jahren: Mehr »Käfer« liefen von den Wolfsburger Bändern, mehr Musiktruhen standen in den Wohnzimmern mit den immer klotziger werdenden Schrankwänden des Möbelhauses Heß, mehr Parties wurden gefeiert mit Salzstangen, Mixed Pickles und Erdbeerbowle. Auf den Parties durften die jungen Frauen und die Teenager natürlich nicht dauernd mit denselben Kleidern auftauchen, weshalb auch immer mehr Mode-Zeitschriften mit immer noch mehr Schnittmusterbögen verkauft werden mußten. Im Jahre 1965 waren es alleine von *Burda-Moden* zum ersten Mal eine Million Exemplare, da war der Grundstein schon längst gelegt für jenes besondere Imperium, das Ende der achtziger Jahre seine Stützpunkte fast in der ganzen Welt haben sollte: Fünf Millionen Exemplare in 18 Sprachen waren es da, in mehr als 100 Ländern, ein Reich, in dem das Nähmaschinen-Schiffchen nie unterging. Mit den Strickwaren, die mit Aenne Burdas Hilfe entstanden, hätte man vermutlich den ganzen Globus mehrmals einwickeln können.

Wirtschaftswunder eben, aber im Grunde war der Aufschwung gar kein Wunder – der Bedarf im Lande war so riesig, wie er es nur nach verlorenen Kriegen ist. Im übrigen hört sich die Erfolgsstory der Burdas viel unkomplizierter an, als sie war, natürlich. Bis es soweit war, bis Aenne Burda im Jahre 1987 mit Raissa Gorbatschowa auf dem berühmten Moskauer Sofa sitzen und mit der russischen Ausgabe von *Burda-Moden* dem schlecht geschneiderten Realsozialismus den Todesstoß versetzten konnte, ging ein halbes Leben vorbei, nicht immer ein leichtes. Das Ehepaar Burda wuchs – meist in sicherem Abstand voneinander und immer wieder gebeutelt von den heftigsten Familiendramen – zu einem der Fürstenpaare der Republik heran. Und jeder, der wollte, konnte ihm zusehen beim Hofhalten: Franz, »der Senator«, liebte die Frauen und den Champagner, die Jagd und die Schunkelabende inmitten seines Volkes; seine Frau Aenne, in den späteren Jahren etwas weniger gesellig, baute sich sechs Häuser im Laufe der Zeit, vielleicht auch, damit sich die Eheleute besser aus dem Weg gehen konnten. Trotz all der Kräche mußte freilich die Familie zusammengehalten werden, mußten die Jungen (wenn zum Beispiel Sohn Hubert in München mit einem ambitionierten Männermagazin baden ging) gegen den autoritären Vater in Schutz genommen, mußten die Söhne untereinander in der Balance gehalten werden, was nicht immer gleich gut gelang. Vor allem in jenen stürmischen Jahren gelang es überhaupt nicht mehr, in denen das Haus Springer sich die Brüder Burda als

»Gelernt hatte ich ja im Grunde gar nichts, aber wenn mich damals einer gefragt hätte, was ich kann, dann hätte ich gesagt: Alles!« Aenna Burda wollte ihrem Mann beweisen, wozu sie in der Lage war.

verlegerische Erben Axel Caesars ausgeguckt hatte, was ziemlich bald zu heftigen Auseinandersetzungen und schließlich zur geschäftlichen Trennung der Brüder führte.

Manchen Beobachter haben die Kämpfe im Hause B., die vor allem nach dem Tode des Senators im Herbst 1986 ausbrachen, zu Vergleichen mit der texanischen Trivial-Tragödie »Dallas« herausgefordert. Das war einerseits falsch, weil es anders als in Dallas im Badischen keinen ausgesprochenen Bösewicht in der Familie gab, nur sehr unterschiedliche Temperamente und Begabungen; daß andererseits Aenne Burda im Alter (»immer muß ich für Ausgleich sorgen«) ausgerechnet die Rolle der ständig vermittelnden Miß Ellie spielen muß, kann man immerhin witzig finden, wenn man bedenkt, daß sie ihre Laufbahn als Verlegerin einmal mit *Effi-Moden* begonnen hat.

Aber das ist dann schon eine andere Geschichte. Aenne Burda ist alt geworden, und sie ist nicht besonders gerne alt, schon weil sie noch immer gerne das Gefühl hätte, daß sie unbedingt gebraucht wird – das kann man sich nicht mehr abgewöhnen. Daß sie ein wenig bitter geworden ist, hängt nicht damit zusammen, daß die ganz großen Zeiten ihres Reichs der Modezeitschriften womöglich vorbei sind – das muß man erst abwarten, immerhin gibt es seit einiger Zeit eine eigene Ausgabe für China, in welchem Land ungefähr eine Milliarde Schnittmusterbögen gebraucht werden zum Umarbeiten all der blauen Kittel. Im übrigen ist der Bestand auch ihres eigenen Imperiums gesichert, seit sie es ihrem Lieblingssohn Hubert (»der ist mehr so wie ich«) überschrieben hat; der hat – auch er angetrieben von dem Wunsch, es der Welt und dem toten Vater zu zeigen – in der Tat in den letzten Jahren eine Menge verlegerischen Mut an den Tag gelegt, ist ein paarmal (vor allem mit *Super*) böse auf die Nase gefallen, hat aber mindestens mit der Herausgabe eines zweiten deutschen Nachrichtenmagazins einen geschäftlichen Coup gelandet, der die Medienbranche schwer durcheinandergewirbelt hat.

Das Geschäftliche ist es also nicht, was Frau Burda ein wenig traurig macht. Nein, das Problem ist, daß sie die Welt, die noch vor dreißig Jahren so heil zu sein schien, nicht mehr versteht oder – genauer gesagt – nicht mehr recht leiden mag, obwohl sie sie noch immer mit einer Kolumne in ihrer Zeitschrift zu erklären versucht. Schrecklich seien die Zeiten, sagt sie, am schlimmsten sei es, fernzusehen, »all die Oberflächlichkeit, die Gewalt« – und redet noch lange von der Tatsache, daß alle nur noch an Einschaltquoten interessiert seien, an Geld eben.

Daß es so gekommen ist, haben auch die Burdas nicht aufhalten können, deren *Bunte*-Welt eines Tages, aus Gründen der Einschaltquoten sozusagen, überhaupt nicht mehr heil sein durfte, sondern, wenigstens ein paar Jahre lang, ziemlich unappetitlich wurde. Freilich, wenn da eine Schlacht verloren sein sollte, dann wären die Burdas nun wirklich nicht die einzigen Verlierer.

Hans Dichand oder: Die Kraft der kleinen Verhältnisse

Der Verleger ist ein Herr. Um ein Uhr sind wir verabredet in seinem Büro im Pressehaus, um fünf vor eins prallen wir, unter tausend Entschuldigungen, unten am Lift beinahe aufeinander. Nein, sagt er, während ich noch darüber staune, daß er an einem heißen Sommermittag den dunklen Anzug trägt und eine silberne Krawatte, nie würde er zu einer Verabredung eine Minute zu spät kommen, sein ganzes Leben habe er das so gehalten, schon als Kind. Als er ein Kind war, das erfahren wir später, ist es der Familie ziemlich schlecht gegangen; Kinder aus solchen Familien lernen vermutlich früh, daß sie sich Unhöflichkeit nicht leisten können.

Hans Dichand ist aus vielen Gründen ein Phänomen unter den deutschsprachigen Verlegern: Erst einmal ist es so, daß sein Name in Deutschland nicht sehr bekannt ist, vermutlich vor allem deshalb, weil sich die beiden Länder Österreich und Deutschland nach dem Krieg doch sehr auseinanderentwickelt haben, was man ganz besonders auch an ihren Zeitungen sehen kann. Auf der anderen Seite könnte man ohne Übertreibung sagen, daß Dichand in mancher Hinsicht der erfolgreichste deutschsprachige Zeitungsverleger geworden ist, jedenfalls mit seiner *Kronenzeitung*, die, umgelegt auf die Zahl der Einwohner, angeblich die größte Auflage der Welt hat. Zusätzlich ist der Mann mit Hilfe dieser Zeitung einer der wohlhabendsten Österreicher geworden – und ganz bestimmt einer der mächtigsten.

Ohne Hans Dichand geht wenig in Österreich, gegen ihn fast gar nichts, was man sehr gut eben in den Tagen beobachten konnte, in denen wir zum ersten Mal miteinander geredet haben für dieses Porträt: Der große Kampf tobte da gerade um den Eintritt des Landes in die Europäische

Union. Erst war in dieser Sache die *Krone* eher zurückhaltend gewesen, da hatte der Hausdichter der Zeitung noch gereimt: »Mich macht Europa bange / Wir einen uns zum Untergange«; als dann aber der Verleger bekanntgegeben hatte, daß ihn persönlich Europa überhaupt nicht bange macht und daraufhin die Zeitung täglich mit einer neuen Schlagzeile (»Unsere Südtiroler Landsleute hoffen auf ein Ja«) Stimmung gemacht hatte für Europa, war alles anders: Plötzlich fand auch der erwähnte Hausdichter heraus, daß die Europa-Gegner »nur viel Lügen, wenig Argumente / das mir san mir, das Präpotente« anzubieten hatten. Und die Österreicher, vorher noch höchst unentschieden, einten sich hinter Hans Dichand und der Großen Koalition zu einem kräftigen europäischen Ja.

Die Frage, inwieweit soviel Macht eines Verlegers über Hausdichter, andere Lohnschreiber sowie Leser das Publikum bange machen müßte, wollen wir für den Moment zurückstellen und erst der Frage nachgehen, aus welchem Holz jemand geschnitzt sein muß, der schließlich zum Großverleger vom Schlage Hans Dichands avanciert. Die erste Antwort ist, daß alles vermutlich anders gekommen wäre, wenn Dichand in eine Verlegerfamilie hineingeboren worden wäre und also ins gemachte Nest. Dichand hatte nichts geerbt – außer einem wachen Verstand und den Erfahrungen, die einer mitbekommt, der zuerst ein paar Jahre lang die solide Erziehung einer gutbürgerlichen Familie erlebt, nur um dann um so brutaler aufgeweckt zu werden, wenn die Familie fast über Nacht mitten im Proletariat gelandet ist.

Als Hans Dichand am 29. Januar 1921 in Graz geboren wurde, wohnte die Familie in einer der schönsten Villen der Stadt: Die Mutter war Hausdame bei einer Gräfin, der Vater stellte als selbständiger Unternehmer Schuhoberteile her. Ein paar Jahre noch ging das gut, dann machte – das Land litt unter einer schweren Wirtschaftskrise, der Vater hatte sich obendrein mit Aktien einer obskuren Eisenbahnfirma verspekuliert – die Firma des Ernährers bankrott. Von einem

Tag auf den anderen fanden sich die Dichands wieder in einer ehemaligen Barackensiedlung am Rande der Stadt, zusammen mit Gescheiterten aus den verschiedensten Gesellschaftsschichten und mit Menschen, die nie genug besessen hatten, um gescheitert sein zu können. »In der Barackensiedlung«, schreibt der Dichand-Biograph Hans Janitschek, »wurden die Dichands als Eindringlinge empfunden«, und ganz besonders galt das für den kleinen Jungen, der hochdeutsch sprach und schon durch seine langen Haare unter den wegen ihrer Läuse kahlgeschorenen Gassenjungen unangenehm auffiel.

Es kam viel zusammen, persönliches Unglück und öffentliches: Die Ehe der Eltern ging vor den Augen des Kindes auf engstem Raum quälend kaputt, das Elend des Landes mit seinen 30 Prozent Arbeitslosen in der Steiermark machte das Leben im Elendsviertel schon deshalb noch unerträglicher, weil es keine Perspektive gab, da jemals herauszukommen. Objektiv war es sicher das, was man eine schwere Kindheit nennt, subjektiv freilich hat der langsam heranwachsende und sich abhärtende Hauptschüler Hans Dichand das offenbar nicht so empfunden.

Interessant ist diese Kindheit in unserem Zusammenhang ohnehin vor allem aus einem Grund: Weil sie die These zu stützen scheint, daß große Journalisten, große Verleger fast notwendig aus kleinen Verhältnissen stammen müssen, wenn sie schon früh das Rüstzeug für ihren Beruf mitbekommen wollen. Zu diesem Rüstzeug nämlich gehört, das Leben und die Bedürfnisse der Leute genau zu kennen, für die man später einmal schreiben oder schreiben lassen soll. Dann muß nur noch Begabung hinzukommen, Neugier und jene Leselust, die nicht viel damit zu tun hat, welche Schulbank einer drückt: Dichand zum Beispiel war einer dieser heimlichen Bett-Leser, denen eine trübe Straßenbeleuchtung mit Petroleumlampen schon ganz früh die Bekanntschaft mit John Knittel, Zane Gray und Jack London erlaubte. Wer so aufgewachsen ist, wird sein Leben lang nicht mehr die Liebe zum gedruckten Wort verlieren und den Respekt vor den Leuten, die schreiben können.

Mit der Marine die Welt kennenlernen: Der Matrose Hans Dichand wird aus dem Meer gefischt und beginnt danach sein zweites Leben.

Wir müssen das Sittengemälde einer harten, lehrreichen Kindheit hier nicht weiter ausmalen, sondern nur noch erwähnen, daß der Junge schon ganz früh auf eine fast geheimnisvolle Weise vom Journalismus angezogen worden ist: von der *Illustrierten Kronenzeitung*, die der Vater gelegentlich nach Hause brachte, von der Druckerei der *Kleinen Zeitung*, an der er immer auf seinem Schulweg vorbeigegangen ist, von all den wahren und erfundenen Geschichten über Reporter und Zeitungsleute, die er so begeistert aufsog, daß er schon mit dreizehn der *Krone* einen Brief schrieb, in dem er wissen wollte, wie man Journalist wird. Ein Redakteur hat ihm überraschenderweise zurückgeschrieben und ihm den

Rat gegeben, erst einmal eine Schriftsetzerlehre zu beginnen. Genauso machte der Junge das – es war der Start einer erstaunlichen Karriere.

Erst aber kam der Krieg dazwischen, samt Vorgeschichte – noch eine Art Schule, freilich die furchtbarste, nicht nur für Journalisten. Was Dichands politische Prägung angeht, so haben ihn die Jahre des Anschlusses offenbar nicht gerade als jungen Widerstandskämpfer erlebt: Ausgerechnet Graz, das er bis dahin kaum verlassen hatte, war das Zentrum der österreichischen Nazibewegung, die inmitten des allgemeinen Elends nur allzuleicht Mitläufer und Jubler akquirieren konnte, als am 3. April des Jahres 1938 der »Führer« auch in ihre Stadt kam. Dann dauerte es nur noch eineinhalb Jahre bis zum Ausbruch des Krieges, den der junge Hans Dichand dazu benutzte, soweit wie nur irgend möglich dem heimatlichen Barackenlager zu entfliehen. Er meldete sich zur Marine, mit deren Hilfe er die Welt kennenlernte – und mehrfach das Gefühl, wie es ist, wenn man glaubt, in den nächsten Minuten krepieren zu müssen. Am 1. Mai 1941 wurde er bei der Bombardierung der »Leverkusen« schwer verletzt, schrie in Todesangst nach seiner Mutter, wurde ins Meer gespuckt, aus dem ihn dann in der Nacht ein italienisches Torpedoboot gefischt hat …

Das Ende des Krieges erlebte der junge Matrose in Gefangenschaft, in der er aber nur bis November bleiben mußte und die er vor allem zum Schreiben von Gedichten benutzte. Kaum entlassen, war er schon wieder in Graz – und mit seinen Gedichten in den paar Zeitungsredaktionen der Gegend. Gedruckt worden ist offenbar nicht sehr viel, aber geblieben ist dem Journalisten Dichand aus dieser Zeit der in seiner Altbackenheit sehr liebenswürdige Respekt vor Leuten, die mit Gedichten in Redaktionen kommen: Noch heute, sagt er, werde keiner weggeschickt, dessen Erzeugnisse nicht gelesen und mit ihm besprochen worden seien. Kurz nach seinem Eintreffen in Graz fand Dichand ein Inserat, in dem stand, der britische Nachrichtendienst suche einen Redakteur. Er bewarb sich und wurde schon am dritten Arbeitstag Abteilungsleiter, weil sein Vorgesetzter nicht zugegeben hatte, daß er Nazi gewesen war. Die Karriere war nicht mehr zu stoppen, es war aber auch eine gute Zeit für Karrieren.

Diese hier muß nicht in allen Details beschrieben werden: Wichtig ist, daß sich der junge Mann schon sehr früh sehr viel zutraute, weshalb wir ihn bereits im Jahre 1947 als Chefredakteur der *Murtaler Zeitung* erleben, deren Auflage er von 12 000 auf 30 000 Exemplare hochpuscht; ein Jahr später ist Dichand beim *Steirerblatt* in Graz, kurz darauf in Wien bei der *Neuen Wiener Tageszeitung* (wo er sich mit dem Kollegen Hugo Portisch ein Zimmer teilt), dann wieder, als das Blatt eingeht, ist er zurück in Graz, wo sie gerade das Wiedererscheinen der berühmten *Kleinen Zeitung* vorbereiten, deren Herstellung ihn als Kind so fasziniert hat. Viele Kollegen hatte das Projekt bereits angezogen und zu Bewerbungen veranlaßt – Hans Dichand bewarb sich der Einfachheit halber gleich als Chefredakteur. Und wurde genommen, als er anbot, die neue Zeitung, die von der österreichischen Presseagentur boykottiert wurde, genausogut auch ohne Nachrichtenagentur machen zu können. Wie eine Agentur arbeitet, woher sie ihre Meldungen bezieht und wie sehr auch sie nur mit Wasser kocht, das hatte er schließlich schon gelernt.

Daß die Zeitung erfolgreich war, muß man kaum betonen, handelt es sich hier doch schließlich um eine Erfolgsstory. Interessanter ist schon die Frage, was den Erfolg des journalistischen, verlegerischen Erfolgsmenschen Dichand letztlich ausmachte. Fleiß, Wagemut, ein fast unerschütterliches Selbstvertrauen? Das alles hat mit Sicherheit eine große Rolle gespielt, genauso wie der Charme, den einer braucht, um aus einem Haufen ehrgeiziger Zeitungsschreiber eine Redaktion zu formen, die genauso begeistert gemeinsam eine Zeitung gestaltet, wie sie die Bars der Gegend unsicher macht. (Es muß ja einen Grund haben, warum dem Dichand manche Autoren fast ihr ganzes Leben lang von einer Zeitung zur anderen gefolgt sind, warum die Branche sich angewöhnt hat, vom Dichand-Clan zu sprechen.) Und dann war da noch eine Eigenschaft, die entscheidende vermutlich:

Dichand liebte seine Zeitungen und die Journalisten in diesen Zeitungen, jedenfalls die, die ihm selber treu geblieben waren. Das aber ist für den Erfolg von Presseerzeugnissen eine entscheidende Voraussetzung, ganz anders als bei der Fabrikation von Waschmitteln.

Das Stichwort von den Waschmitteln ist nötig, weil wir jetzt ein großes Stück überspringen müssen, um gegen Ende der fünfziger Jahre zu landen, in jener Zeit, in der aus dem Journalisten Dichand der gleichnamige Verleger wurde. Bis dahin, als Chefredakteur der *Kleinen Zeitung* und später des *Kuriers* in Wien, hatte er im wesentlichen das Handwerk gelernt, beziehungsweise bewiesen, daß er es ziemlich gut beherrscht. Und er hatte Erfahrungen gewonnen: Eine der wichtigsten war wohl, wie schwierig es ist, Journalismus zu machen, wenn man dabei vom Geld und den Launen anderer Leute abhängt, solcher Leute notabene, die mit Zeitungen im Grund nichts im Sinn haben, außer Geld zu verdienen und mächtig zu sein. Im Oktober 1958 hatte der Mühlenbesitzer Dr. Polsterer, der außer seinen Mühlen den *Kurier* und andere Blätter besaß, die Freude an seinem selbstbewußten Chefredakteur Dichand verloren. Dichand wurde von einem Tag auf den anderen hinausgeworfen und kam zu dem Ergebnis: »Man ist so lange hilflos, solange einem von der Zeitung nichts gehört.«

Nun ist es den wenigsten frustrierten Redakteuren vergönnt, aus dieser Einsicht die Konsequenz zu ziehen und eine eigene Zeitung zu gründen: Wäre es anders, türmten sich in den Ländern der Welt die Müllberge, die von nicht verkauften Blättern begeisterter Redakteurs-Verleger verursacht worden sind. Die Pointe dieses Teils der Geschichte ist, daß auch Dichand kein Geld hatte, jedenfalls keine Summe, die der Rede wert gewesen wäre. Was er brauchte, war also – außer der Idee, die *Kronenzeitung* seiner Kindheit wieder erstehen zu lassen – ein Geldgeber, genauer: eine natürliche oder juristische Person, die auf seine blauen Augen hin und hingerissen von seiner gewaltigen Begeisterungsfähigkeit, tollkühn genug war, die zehn Millionen zu riskieren, ohne

Tycoons unter sich: Leo Kirch mit dem Österreicher Hans Dichand, moderiert vom Politiker Helmut Zilk.

die das Projekt nicht zum Laufen gebracht werden konnte. Es dauerte genau bis zum 10. April des Jahres 1959, bis die erste Nummer der *Kronenzeitung* vom Band lief: Die Titelgeschichte hieß »Opernsängerin und lebensmüde Weiße Maus« und handelte, inklusive Happy-End, von einem Wiener Verkehrspolizisten, der sich in eine Primadonna verliebt hatte und sich umzubringen versuchte, als sie ihn gerade mal nicht mehr wollte. Das Blatt wurde den Verkäufern aus den Händen gerissen, klar.

Damit sind wir dann auch schon bei den beiden grundlegenden Fragen an einen erfolgreichen Verleger: Der ersten Frage, welche Rolle das Geld spielen soll bei der Erfindung einer Zeitung und ihrer Verteidigung auf dem Markt. Und der zweiten, zu welchem publizistischen Ergebnis der ganze Aufwand führt und ob nicht der brillanteste Verleger am Ende gescheitert wäre, wenn er in seinen Blättern ein Leben lang vor allem Schrott zum Abdruck gebracht hätte. Beide Fragen spielten in der Geschichte der *Kronenzeitung* und der öffentlichen Debatte darüber eine geradezu exemplarische Rolle.

Was das Startkapital anging, so war Dichand auf recht mysteriöse Weise dazu gekommen; erst Jahre nach dem Erscheinen der ersten Nummer erfuhr er, daß der wichtigste Mann in diesem Zusammenhang, der Gewerkschaftsvorsitzende Franz Ohla, ohne zu fragen, das Geld seiner Organisation in das neue Blatt investiert hatte und daß die Behauptung, hinter dem Geld stecke ein anonymer Frankfurter Geschäftsmann, eine schlichte Lüge war. Im Prozeß des Jahres 1969 wurde Franz Ohla zu einem Jahr Freiheitsstrafe verurteilt, wohingegen die *Krone*, die inzwischen längst ihre Schulden abbezahlt hatte, gestärkt aus der Affäre hervorging: Alle Versuche der verschiedensten Interessenten und Parteien, sie sich unter den Nagel zu reißen, waren heroisch gescheitert, genauso wie im Laufe dieser Auseinandersetzungen ein kurzer Putsch gegen Dichand selbst.

Die *Krone* wäre, merkwürdig genug angesichts ihrer höchst krausen Mischung aus Politik und trivialster Unterhaltung, schon damals fast so etwas wie eine Bastion des freien, unabhängigen Journalismus geworden, wäre sie nicht bald schon wieder in den nächsten, fast tödlichen Konflikt gestürzt worden. Das hing mit den oben erwähnten Waschmitteln zusammen und mit der Frage, inwieweit sich die Produktion von Zeitungen von jener von Persil unterscheidet. Die Sache war nämlich die, daß seinerzeit Ohla dem Dichand, der ja nur Journalismus konnte, einen Finanzfachmann empfohlen hatte, einen Herrn namens Kurt Falk, der sich bei »Persil« bewährt hatte. Das Ganze ging einige Zeit ganz gut, bis eines Tages der Waschmittelfachmann, der sich bei Vertrieb und Marketing durchaus seine Meriten erworben hatte, zu Dichand kam und vorschlug, er möchte künftig auch Chefredakteur sein. Ein Zeitungsverlag sei »auch nix anderes als a Waschmittelfabrik«, sagte er, eine Meinung, die Dichand nicht teilen mochte. Es begann eine der langwierigen, nervenzerfetzenden, tief ins Persönliche gehenden Streitereien, die für die Zeitungsbranche so typisch sind und die in diesem Fall jede Seifenoper mit ihrem Gehalt an Dramatik und Intrigen in den Schatten gestellt hätte. Diese Oper endete damit, daß sich die *Westdeutsche Allgemeine* bei der *Krone* mit 45 Prozent einkaufte und Kurt Falk nach einigen Umwegen ein eigenes Produkt auf den Markt warf (»täglich alles«), für welches einem der Begriff Zeitung nur noch mühsam einfallen will.

Allerdings ist es so, daß Falks gedrucktes Waschmittel aus irgendeinem Grund gar nicht so gut abzusetzen ist, vielleicht deshalb, weil die Leser sich doch nicht alles täglich zumuten lassen wollen. Wahr ist jedenfalls, daß die *Kronenzeitung* immer noch überaus erfolgreich ist, daß sie mit noch mehr Unternehmungslust als früher in die einzelnen Bundesländer vordringt. Und daß sich deshalb um so dringender die Frage stellt, was es eigentlich ist, was da alle anderen Zeitungen des Landes an den Rand des Marktes drängt, was den Reiz des Blattes ausmacht und seinen Erfolg und womöglich seine Gefährlichkeit. Mit niemand kann man darüber besser reden als mit Hans Dichand.

Der geniert sich nämlich für seine Zeitung nicht, über nichts kann er verwunderter den Kopf schütteln als über jenen berühmt gewordenen Satz des Kollegen Axel Springer, manchmal leide er wie ein Hund, wenn er *Bild* lese. Nein, Hans Dichand leidet nicht, er liebt sein Blatt, das übrigens, sagt er als erstes, überhaupt keine Boulevardzeitung sei.

Was es statt dessen ist, darüber gehen die Meinungen auseinander. Eine Volkszeitung sei es, sagt Dichand, die jeder lesen könne, schließlich sei man in allen soziogischen Schichten angemessen vertreten. Andere – wie der Journalismus-Kritiker Anselm Thurnhier – sagen, die *Krone* sei »ein gedruckter Alptraum«, und ihr Erfolg auch unter dem sogenannten A-Publikum, den besseren Kreisen, sei gerade das, was einem Angst machen müsse. Wirklich spricht einiges für die Theorie, dieser Erfolg sei das Ergebnis der Tatsache, daß es nur noch wenig vernünftige Zeitungen gibt in Österreich und daß die paar, die sich um Seriosität bemühen, schon längst am Steuertropf hängen.

Was den Verleger Dichand angeht, so hängt sein Erfolg als Blattmacher sicherlich damit zusammen, daß er die Qualität von Themen danach beurteilt, wie lange eine Zeitung von ihnen leben kann, weshalb der unglückliche Frauenmörder Jack Unterweger für die *Kronenzeitung* geradezu hätte erfunden sein können, nur daß er sich ein wenig zu früh umgebracht hat im Sinne der Auflage. Auf der anderen Seite ist es auch ein Teil des Erfolgs, daß sich Dichand in erster Linie als Journalist versteht: Einer, der unter dem nicht übermäßig bescheidenen Pseudonym Cato regelmäßig zur Feder greift, einer, der persönlich die Geschichten seiner Leute nachrecherchiert, wenn die Konkurrenz behauptet, man habe falsch berichtet, zum Beispiel über eine der Altersheim-Mörderinnen von Lainz, die eine »Geheimprostituierte« gewesen sei: Das läßt er nicht auf sich sitzen, weil: »Wir berichten nichts bewußt Falsches.« Das ist immerhin erfreulich. Andere Verleger interessieren sich für Lügen in ihrem Blatt nur, wenn sie viel Schmerzensgeld zahlen müssen, andere Verleger halten Journalisten ohnehin für halbkriminell oder für notwendige Übel.

Dichand ist jemand, der seine Autoren liebt, auch wenn man sich gelegentlich schon fragt, wo da die Liebe hinfällt: Man muß ihn nur schwärmem hören von seinen »Stars«, von dem Kolumnisten Staberl, der »unglaublich wichtig« sei, oder von der Marga Swoboda, die die beste Schreiberin Österreichs sei. (Leider, sagt er, wenn man sie erst zu Stars entwickelt habe, bekämen sie bald Allüren. Na ja. Was er meint, ist zum Beispiel die Tatsache, daß der Staberl ihn auf dem Höhepunkt mancher Auseinandersetzung durchaus erpreßt hat mit der Drohung, er könne ja auch zum Falk gehen, oder daß der Kolumnist vor einer Wahl auch schon mal in Urlaub geht, wenn er nicht für den Haider Partei ergreifen darf.) Im übrigen aber und vor allem ist über Hans Dichand zu sagen, daß er mit seinen Zeitungen etwas bewegen will. Und daß er damit nicht in erster Linie die Kontenbewegungen meint.

Dichand ist nämlich auch ein Meister der Kampagnen – und gewiß ist das ein zweischneidiges Kompliment, das weiß er selbst, sonst würde er sich nicht bei jeder Gelegenheit so heftig gegen den Verdacht wehren, er sei ein mächtiger Mann in Österreich, mächtiger vielleicht als der Bundeskanzler. Nur hilft ihm alles Leugnen nichts, weil ja jeder sehen kann, daß es in Österreich ganz schwer möglich ist, gegen Dichand' Politik zu machen. Dichand hat das Abholzen des Sternwartparks in Wien verhindert, da mußte ein Bürgermeister gehen; Dichand hat den Waldheim zum Bundespräsidenten hochschreiben lassen; Dichand hat die Pläne für das Wasserkraftwerk in Hainburg zuschanden gemacht. Das sei, sagt er heute, die erfolgreichste Kampagne seines Blattes gewesen und die gefährlichste auch: »In so einem Fall brennen uns die Sicherungen durch, da hätten wir fast einen Bürgerkrieg riskiert.«

Er sagt so etwas übrigens ganz leicht hin, charmant, ganz der gebildete Herr, der eine der herrlichsten Sammlungen der österreichischen Moderne hat und eine Kunstgalerie, Drehbücher schreibt, sich in der Geschichte auskennt und in der Literatur. Nebenbei lebt er dann auch noch ganz gut vom Müll, den er von seiner *Krone* immer mal wieder ausbreiten läßt, und wäre nichts lieber geworden als außerdem der Verleger der seriösen Tageszeitung *Die Presse*. Der Verleger ist ein Herr: manchmal ein Herr Dr. Jekyll, manchmal auch ein Herr Hyde.

Josef von Ferenczy oder:
Was bitte ist ein Medienmanager?

Seine Ernennung hatte der neue Botschafter natürlich einer Reihe von bedeutenden Persönlichkeiten mitgeteilt – und sie anschließend, mittels einer kleinen Pressemappe, wieder anderen Persönlichkeiten bekanntgegeben, vor allem solchen, die in Redaktionen arbeiten. Danach wußte man, daß sich Verteidigungsminister Rühe »über die gute Entscheidung sehr gefreut« habe und daß Hans-Dietrich Genscher überzeugt sei, sie werde sich »außerordentlich vorteilhaft auswirken« auf die deutsch-ungarischen Beziehungen, was sein Nachfolger Kinkel nicht anders sieht. Nur der Bundeskanzler, offenbar nicht ganz so über die Nachricht erfreut, ließ durch einen gewöhnlichen Ministerialdirektor mitteilen, daß er »gegen die Entscheidung der ungarischen Regierung keine Bedenken hat«.

Das ist allerdings auch gar nicht die Frage gewesen, als Josef von Ferenczy der Welt mitgeteilt hat, daß er neuerdings Außerordentlicher Botschafter der Republik Ungarn geworden ist. Die richtige Frage wäre nämlich gewesen, welche Bedenken künftig Ferenczy gegen Helmut Kohl hat und ob Kohl es sich auf die Dauer leisten könnte, wenn Ferenczy Bedenken gegen ihn hätte. Wahr ist, daß man es sich womöglich als Politiker, als Wirtschaftsführer, als Journalist gar nicht so richtig leisten kann, mit »Joschka« nicht im reinen zu sein – wie ihn allerdings nur seine wirklichen Freunde nennen dürfen.

Als ich den Meister kennengelernt habe, da habe ich ihn beispielsweise nicht gut genug gekannt, um ihn Joschka nennen zu dürfen, was irgendwie demütigend für mich war, weil ich ja schon aus einem Artikel im *Esquire* erfahren hatte, daß »rund zehn Prozent seiner 130 Autoren das dürfen«, und weil mir durchaus klar war, daß jemand, der es nicht darf, ob er nun sein Autor ist oder nicht, irgendwie nicht dazugehört in München. Damals, als ich den Mann zum ersten Mal zu beschreiben versuchte, habe ich mir die Frage gestellt, ob ich ihm unter diesen Umständen überhaupt gerecht zu werden vermag, habe mich dann aber mit dem Gedanken getröstet, daß noch gar nicht klar ist, ob Duzfreundschaften die klare Sicht auf den Gegenstand einer Beschreibung auch wirklich fördern. Das hat dann zu der Frage geführt, ob vielleicht die klare Sicht zunehmend nicht das Wichtigste ist beim Journalismus. Womit wir dann aber schon beim Geheimnis wären, das uns Josef von Ferenczy aufgibt und seine Macht, die insofern aus dem Rahmen dieses Buches herausfällt, als es nicht die Macht eines Zeitungsmagnaten oder eines Journalisten ist. Es handelt sich eher um die Macht über Zeitungen und Journalisten.

Das mit dem Duzen war dann aber nicht so schlimm, denn wenn man in München lebt und mit Journalismus zu tun hat (Politik würde auch reichen), führt einen der Lebensweg ziemlich sicher eines Tages ohnehin mit dem Mann zusammen, von dem es schließlich nicht grundlos überall heißen kann, er sei die graue Eminenz im deutschen Medienwesen. Und das geht so: Erst ist man nur Adressat von Erfolgsmeldungen aus dem Hause Ferenczy über Herrn von Ferenczy, später plötzlich Objekt oder Mittäter oder irgendwas dazwischen im ewigen Kampf der Schreiber und Verkäufer. Ein wenig lernt man dabei natürlich auch über den Josef von Ferenczy persönlich. Und beginnt deshalb, wenn man irgendwann über ihn schreiben darf, seinen Bericht ausnahmsweise mit den eigenen Erfahrungen.

Eines Tages also geht das Telefon, weil eine Ferenczy-Tagung stattfindet, von der Herr von Ferenczy weiß, daß sie ohne dich scheitern müßte; irgendwann verabredet er sich mit dir im »Vier Jahreszeiten« an der Bar, »weil muß ich mit Ihnen reden«. Ein besonders gutaussehender Mann von mehr als 70 Jahren sitzt einem dann in melancholischer Strenge gegenüber, mit dem seidensten Einstecktuch und der exaktesten Manschettenbreite, die es zwischen Schwarzem und bayerischem Meer zu bewundern gibt. Und beginnt sofort mit der Medienarbeit.

Bei unserer ersten Verabredung ist er übrigens allein in der Hotelhalle gesessen, weil ich unverzeihlicherweise die Verabredung schlicht vergessen hatte – und ich erwähne den peinlichen Vorfall auch nur, weil ich da gleich einmal erleben konnte, wie ein ungarischer Gentleman in einem solchen Fall reagiert: einerseits völlig fassungslos natürlich – es konnte sich nur um einen Fehler seines Sekretariats handeln, was leider nicht der Fall war. Andererseits hat Ferenczy diskreterweise die Geschichte nie mehr erwähnt, außer vielleicht daß jene Anekdote ein kleiner Hinweis war, die er später einmal erzählt hat: Er selber, so ging die Geschichte, sei leider so pünktlich, daß er schon mal Punkt 20 Uhr zu einem Abendessen gekommen sei und die Gastgeberin im Schlafrock angetroffen habe. (F. erzählt solche Geschichten voller Selbstironie, kann aber natürlich nicht verhindern, daß der sensible Zuhörer den Tadel heraushört und sich gehörig erschreckt.)

Später bin ich dann für ein paar Monate als Chefredakteur zu einer bedeutenden Illustrierten gegangen, was der Intensität unserer Kontakte sehr aufgeholfen hat: In jenen Tagen habe ich zum ersten Mal den sagenumwobenen Butler kennenlernen dürfen, der manchen Menschen, auch wenn sie gerade vom Essen kommen, draußen in der Grünwalder Villa sofort zwanglos ein kleines Dinner mit Champagner und Kaviar serviert – was halt der Mensch so braucht am Nachmittag. (Allerdings nicht Ferenczy persönlich; der denkt nur, man merke nicht, daß er die Sachen nicht anrührt, die er da rein dienstlich servieren lassen muß.) Das gleiche gab es dann wieder, als ich zurückkam von dem Blatt, gewiß zum Trost, aber auch wieder aus unternehmerischen Gründen: »In solchen Fällen«, sagt Ferenczy auf Anfrage, »ist Ferenczy der erste, der dasteht, um jemanden mit dem Seil aufzufangen.« Das ist denn überhaupt eines der größeren Rätsel des Mysteriums Ferenczy: Nie weißt du genau, ob er sich gerade

Verdient gemacht um das deutsche Gemüt und die Abwechslung im Schlafzimmer: Ohne Josef von Ferenczy wären die schönsten Illustriertenserien nie entstanden.

als guter Mensch betätigt – oder doch zur Förderung des Unternehmenszwecks. Er weiß es vermutlich selbst in der Regel nicht, wo sich doch beides so gut verbinden läßt.

Ach ja, und dann jene berühmte Reise nach Budapest im Sommer 1990 – da hat sich die erwähnte Rätselfrage ganz besonders gestellt. Halb München, inklusive seiner Hamburger Vororte, saß eines heißen Augusttages im Flugzeug nach Budapest, Antje Kühnemann war sogar gekommen und Ion Tiriac und der Aufsichtsratsvorsitzende der Axel Springer AG, von Jonny Klein ganz zu schweigen: Wir haben an zwei Abenden wunderbar gegessen, sind auf einem Schiff die Donau entlanggefahren – und haben allerdings auch ziemlich lang im Bus gesessen, um nach Kecskemét zu kommen. (Kecskemét liegt 81 Kilometer südöstlich von Budapest und kommt dauernd in deutschen Zeitungen vor, weil es die Geburtsstadt des Josef von Ferenczy ist.) Nachdem wir uns dortselbst dreieinhalb Stunden lang auf deutsch und ungarisch unendlich lange Reden angehört haben, in denen auf deutsch und ungarisch Herrn von Ferenczy gedankt sowie jeder anwesende Würdenträger nebst Stellvertreter, ganz zu schweigen von Jonny Klein, in beiden Sprachen begrüßt worden war, fuhren wir wieder zurück nach Budapest und zogen uns um für ein weiteres Abendessen.

Und wieder hatte es etwas zu lernen gegeben: Tags darauf stand in der Münchner *Abendzeitung* ganz groß »Medienzar Ferenczy schenkte Kindern ein Zuhause«, was natürlich nicht stimmte, weil er nun wirklich nicht das Geld für die Häuser gestiftet hatte. Andererseits stimmte es aber doch wieder, weil es ohne ihn weder dieses SOS-Kinderdorf gegeben hätte noch das gesellschaftliche Ereignis, das ihn allein an Hotelkosten für die eingeflogene Prominenz mehr als 80 000 Mark gekostet hatte. Die Überschrift in der Klatschkolumne von *Bild* hieß dann: »In Ferenczys Kinderdorf blühte die Liebe auf« – womit feinsinnig auch gleich noch auf eine neue Romanze von Frau Antje Kühnemann aufmerksam gemacht wurde. So hatten die Kinder was von dem Ausflug und Frau Kühnemann und *Bild*, Ferenczy sowieso –

aber ich auch: Schon war ich wieder ein kleines Stück näher am Mysterium F., das irgendwann zu entschlüsseln ich für mich da schon beschlossen hatte.

Als ich Josef von Ferenczy von diesem meinem tollkühnen Plan berichtet habe, hat er übrigens gleich gesagt, daß er das sehr gut finde, weil: »Vielleicht Sie können für mich herausfinden, wer Ferenczy ist und was treibt ihn.« Wenn's sonst nichts ist, habe ich gesagt – die Grunddaten sind ja ohnehin schon tausendmal beschrieben worden: Daß er in seiner ungarischen Jugend Sojabohnen und Südfrüchte verkauft hat, weiß die Welt, und daß eine entfernte Verwandte von ihm (neuerdings wird sie als Großtante gehandelt) der Kaiserin Sissy vorgelesen hat und daß er, weil er sich erst mit den Nazis und dann mit den Kommunisten angelegt hatte, praktisch »nur mit einer Badehose bekleidet« Anfang der fünfziger nach Wien und später nach München gekommen ist.

Als er endlich ganz da war, begann er auch schon, erinnert sich Sohn Andreas, Briefe zu diktieren an deutsche Verleger, die, weil er die neue Sprache nicht konnte, Gattin Katharina erst ins rohe, der zehnjährige Knabe ins feine Deutsch übersetzen mußte. Von da an ging's bergauf beim schwunghaften Handel mit deutschen Wörtern en gros und en detail. Daß dem Händler selbst die Wörter auch fürderhin nicht so sehr korrekt zur Verfügung standen, war kein Manko – ein Eierhändler muß auch keine Ware der Handelsklasse A zu legen verstehen. Ferenczy, sagen langjährige Beobachter, hatte statt dessen Phantasie, Stil und vor allem jene übergroße Portion Hartnäckigkeit, die ihm noch heute hilft, wenn er zum Beispiel zu einem »Medien-Forum« einlädt und irgendein Chefredakteur nicht gleich beim ersten Mal freiwillig seine Teilnahme zusagt.

Es begann dann also die erste Phase des Unternehmens Ferenczy: Der Händler lieferte, die Nachfrage war überwältigend. Wer sich heute die Mühe macht, noch einmal zu blättern in den alten Bänden von *Revue* und *Quick*, von *Bunte* und *Stern*, wer mit ein paar Leuten redet, die dabei waren in jenen fünfziger Jahren, wird mit Staunen und einer gewissen Rührung erkennen, daß es offenbar eines ungarischen Geschäftsmannes bedurfte, um den deutschen Verlegern und Chefredakteuren klarzumachen, was ihre Landsleute lesen wollten. Sie wollten im »Arzt vom Stalingrad« lesen, daß der deutsche Mensch gerade in schlimmen Zeiten heroisch und edelmütig ist, wollten in immer noch einem Fortsetzungsroman von Will Berthold sich bestätigen lassen, daß der deutsche Soldat im ganzen ein Held war und kein Nazi – und später wollten sie wissen, wie sich der deutsche Mann im Schlafzimmer bewährt; die Aufklärung darüber hatten sie dem Autor Kolle zu verdanken, der bei niemand anderem als bei Josef von Ferenczy unter Vertrag war.

Insgesamt handelte es sich in dieser Phase der Unternehmensgeschichte um höchst reale, aber auch reelle Geschäfte: Ferenczy machte sich außer um die Abwechslung in den Schlafzimmern und um die Auflagen der Illustrierten vor allem auch um die Honorare deutscher Journalisten verdient – und daß er immer 25 Prozent davon für sich nahm, wurde ihm von den Autoren schon deshalb nicht übelgenommen, weil er – wie Zeugen sagen – zu seinen Schreibern immer hochseriös war. Als aber alle Welt noch dachte, Ferenczy sei so eine Art Presseagent, der nebenbei auch noch ein wenig Public Relations im Angebot habe, war er längst etwas ganz anderes geworden: Eines Tages war er Medienmanager – und als solcher nichts Geringeres als ein Mythos.

Was ein Medienmanager genau sein mag, ist eigentlich nie so recht beschrieben worden, obwohl wir uns an dieser Stelle langsam dem Eingemachten des gewesenen Südfrüchtehändlers zu nähern beginnen. Erst haben nur die Journalisten voneinander abgeschrieben, daß F. ein Medienmanager ist, dann gab es in den Zeitschriften die ersten Schautafeln darüber, in wie viele Abteilungen die Firma Ferenczy Media plötzlich gegliedert war: Daß es eine Ferenczy Trend Analytic GmbH gebe, war da zu lesen, und eine Ferenczy Medien-Finanzierungsagentur. Die stand dann aber auf der nächsten Schautafel vielleicht schon wieder nicht, weil es eines der wichtigsten Talente eines Medienmanagers offensichtlich ist, in seine große Schachtel immer wieder neue Schächtelchen zu stecken – oder sie neu einzupacken oder auch wegzuwerfen, wenn ihm ein Schächtelchen nicht mehr gefällt.

Endlich war dann eine der Schautafeln sogar in einer richtigen wissenschaftlichen Arbeit zu finden, womit der Begriff des Medienmanagers die akademischen Weihen bekam: Seit des Kölner Professors Alfons Silbermann ehrfürchtiger Fallstudie wissen wir also, daß das Geheimnis der Firma Ferenczy Media mit all ihren Verästelungen unter anderem eine »offene und flexible Unternehmenshaltung« ist; aber noch immer wissen wir nicht, wie das Ganze funktioniert.

Es funktioniert aber mit Verlaub ganz einfach so, daß »Ferenczy Media« im wesentlichen auf zwei Beinen steht, die, wie das so ist bei Beinen, beide gleich nötig sind, um das Unternehmen zum Laufen zu bringen. Ferenczy hat Autoren, deren Artikel er in Zeitungen und Zeitschriften unterbringt; Ferenczy hat aber auch Geschäftskunden, die gern über sich etwas Freundliches in den Zeitungen und Zeitschriften lesen. Jetzt braucht die Firma (das ist seit dem Tode des Sohnes Czaba vor allem auch Sohn Andreas, dieser angenehm introvertiert und besonders hartnäckig), jetzt also braucht die Firma nur noch ihren Autoren zu sagen, sie möchten etwas Freundliches über ihre Kunden schreiben: Schon ist allen gedient, am meisten natürlich den offenen und flexiblen Ferenczys, die von den normalen Werken ihres Autorenstalls schon lange nicht mehr leben könnten, seit Illustrierte keine Soldatenromane mehr drucken und immer weniger Serien.

»Atmosphärische PR« nennt der Meister diese Technik, die scharenweise die Vorkämpfer des unabhängigen Pressewesens zur Verzweiflung treiben müßte, wenn es diese Vorkämpfer noch scharenweise gäbe – zur Verzweiflung deshalb, weil diese PR auf das ungenierteste Journalimus und Werbung miteinander verbindet und ungefähr das Gegenteil von seriösem Journalismus produziert. Daß ihm trotzdem kaum jemand böse ist, hängt außer mit dem allgemeinen Sittenverfall vor allem mit der stupenden Ehrlichkeit Ferenczys zusammen: Wenn man ihn danach fragt, sagt er schließlich selber, daß »unser Autorenstab lebensnotwendig ist für die atmosphärische PR«, außerdem läßt er sich ja richtig dabei zusehen, wie er mit seinen Talenten hantiert. Wenn er also vormittags in aller Unschuld Herrn Buddenberg von der Esso PR-mäßig betreut, dann versucht er nachmittags in aller Unschuld eine Journalistin davon zu überzeugen, daß in einem Artikel über die Ölkrise vor allem der Standpunkt von Esso vorkommen sollte. Jetzt müssen die Artikel nur noch gedruckt werden, was verständlicherweise am allerbesten funktioniert, wenn der zuständige Chefredakteur seine Berufung dem Einfluß Josef von Ferenczys zu verdanken hat, was mindestens früher nicht nur einmal der Fall gewesen sein muß. Auf diese und andere Weise lassen sich AEG-Vorstandsvorsitzende in die Blätter bringen, wie sie gerade besonders effizient ihrem schwierigen Job nachgehen, und die Vorzüge von Melissengeist. Und mit Politikern geht das natürlich auch.

Was nun gerade die Politiker angeht, so wird die Sache an dieser Stelle ein wenig komplizierter. So wie es aussieht, berät Ferenczy zwar eine ganze Reihe von Politikern höchst unterschiedlicher Parteien – aber so, wie es weiter aussieht, hat er nie Geld genommen von Genscher und Glotz, von Brandt oder Helmut Haussmann, selbst wenn er für den eine Serie in der *Bild* untergebracht hat, als er gerade nicht so populär war. Wieder so ein Punkt, an dem der Meister alle seine Vorzüge zum Einsatz bringt, die am Ende den Eindruck erhärten, die »Unternehmen von Ferenczy Media hätten die Medienentwicklung in den vergangenen Jahren wesentlich mitgeprägt«, wie Professor Silbermann das formuliert. Nichts ist da wichtiger als Einfallsreichtum und Unnachgiebigkeit: Wer jemals – wie dummerweise ich – selbst auf einen dieser Einfälle hereingefallen ist (»Habe ich für Sie Interview mit Vranitzky, Kanzler will aber nur mit Ihnen selbst sprechen«), kann sich lebhaft vorstellen, wie Ferenczy umgekehrt die Notwendigkeit eines solchen Gespräches dem österreichischen Regierungschef eingeredet haben mag: »Kann ich

Die exakteste Manschettenbreite zwischen Schwarzem und bayerischem Meer: Josef von Ferenczy und Salvador Dali anläßlich der Besprechung des Buches »Meine Leidenschaften«, das von Ferenczy herausgegeben wurde.

Ihnen Interview verschaffen mit Journalist Riehl-Heyse, sehr wichtig für Sie ...« Am Ende sitzen dann Kanzler und Reporter einander ein wenig ratlos gegenüber, bevor sie ihr wichtiges Gespräch beginnen. Das Resultat verbessert auf jeden Fall die deutsch-österreichischen Beziehungen – und auch nicht wenig den Ruhm des Erfinders dieses Gesprächs, der mit so vielen Mächtigen der Welt so gut steht. (Als einmal im SZ-Magazin ein ausführliches Porträt über den CSU-Politiker Gauweiler stand, hat mir ein sehr führendes CSU-Mitglied verraten, wer hinter diesem Artikel gestanden hat: Es war selbstverständlich Josef von Ferenczy, der in Wahrheit nichts von alledem wußte. Wer es geschafft hat im Leben, dem wird nun mal alles zugetraut.)

Die Tatsache, daß der Mann aus Kecskemét einiges für

Politiker tut, an denen er nichts verdient (wenn man einmal absieht von seiner Arbeit für das Post- oder Bauministerium, die natürlich auch von Politikern geleitet werden), hat nun aber einen letzten Grund, der sehr eindeutig für Josef von Ferenczy spricht: Er ist selber ein verhinderter Politiker – und zwar einer von der menschenfreundlichen und optimistischen Sorte, was ohnehin seinem Naturell entspricht. Weil F. menschenfreundlich ist, hat beispielweise Peter Glotz , wie er erzählt, in seiner Zeit als Bundesgeschäftsführer einige »Schmutzgeschichten über führende Sozis« mit Hilfe von Ferenczy aus der Boulevardpresse heraushalten können. (Die Legende, er habe seinerzeit für einen Millionenbetrag Herrn Flick vor der Neugier der Zeitungen verschont, mag Ferenczy allerdings nicht bestätigen; der habe ja einen Kolumnisten gerade dafür bezahlt, daß er hineinkomme in die Klatschspalten.) Und weil er ein Politiker ist und so hoffnungslos optimistisch, hält er es noch immer für nützlich, wenn Leute miteinander ins Gespräch kommen, die sich jahrelang ihre Feindbilder dadurch zusammengebastelt hatten, daß sie miteinander kein Wort redeten.

Von diesem Versöhnungstalent (und Versöhnungsbedürfnis) haben all die Jahre über schon die unterschiedlichsten Geschäftspartner profitiert; manchmal aber geht es ihm überhaupt nicht um Geschäfte. Nichts jedenfalls hat Leute, die Josef v. F. seit langem aus der Nähe beobachten, mehr für den Mann eingenommen als jener Dialog zwischen ungarischen und rumänischen Intellektuellen, den Ferenczy im Frühjahr 1990 in Budapest veranstaltet hat: Eine emotionsgeladene, traurige, Mut machende Begegnung muß das gewesen sein, gerade weil sie genau in den Tagen stattfand, in denen in Temesvar die reakationären Rumänen auf die Ungarn einzuschlagen begannen. Und mitten in dieser Tagung saß Josef von Ferenczy, hat sich kein bißchen in Szene gesetzt, nur zugehört und gehofft, daß es nützlich sein könnte, die schlimmsten Vorurteile im Gespräch zu bewältigen, und daß es gut ist, wenn darüber dann auch berichtet wird.

Der Mann, der Jahre hindurch mit viel Aufwand und tausend Briefen an Gott und die Welt und den Bundespräsidenten einen »Europa-Dialog« organisiert hat, welcher Europa allerdings auch nicht viel friedlicher gemacht hat, ist sowieso alles mögliche auf einmal: Eitel ist er (dann verschickt er die Kopie einer Urkunde an die Redaktionen, aus der hervorgeht, daß Ferenczy Josef zum Reserve-Oberstleutnant der ungarischen Armee ernannt worden ist); gescheit ist er, was ihm hilft, die bedeutenden Leute, mit denen er dauernd zu tun hat, auf ihr wahres Maß zu reduzieren. Und ein Menschenkenner ist er, das vor allem – einer, der weiß, wie man in dieser Welt mit den Leuten ins Gespräch kommt und was man machen muß, damit sich die Medien auch richtig managen lassen von ihrem Manager.

Eines Tages also hat Josef von Ferenczy bei mir angerufen und nachgefragt, wie weit ich denn nun sei mit meiner Ferenczy-Geschichte, er wolle es nur wissen. Weil – hat er gesagt – »wenn ferrtig, möchte mit Ihnen Geschäft machen, aber sag' ich noch nicht was, damit unbefangen bleiben.«

Wenn ich es richtig verstanden habe, war das wieder die berühmte atmosphärische PR, diesmal in eigener Sache. Wie gut sie funktioniert hat, wissen nur Gott und der geneigte Leser.

Leo Kirch oder:
Der Programmdirektor der Nation

Eines Tages haben wir den Pressesprecher von Leo Kirch aufgesucht und wieder einmal um einen Termin bei seinem berühmten Chef gebeten, so wie wir das schon mehrmals bei der Vorgängerin des Pressesprechers getan hatten, immer vergeblich. Diesmal aber war alles viel besser: Nicht, daß wir etwa den Chef persönlich zu Gesicht bekommen hätten, soweit ging die Liebe denn doch nicht. Aber immerhin, ein Video wurde uns ausgehändigt: Es zeigte, wie Leo Kirch sich anläßlich einer Münchner Filmpremiere einen Wildwesthut aufsetzte und wie er freundlich lächelte und wie also alle Anzeichen dafür sprachen, daß es ihn wirklich gibt. Den Besucher hat das sehr gefreut, schon wegen des Symbolgehalts der Vorführung: Bei einem Menschen, der seinen Nimbus wie seine Macht, seine ganze Existenz also auf den Besitz von mehr als fünfzehntausend Filmen, mehr als fünfundfünfzigtausend Stunden Fernsehprogramm gründet, ist es nur recht und billig, daß er diese Existenz mit einem Fernseh-Filmchen nachweist.

Andererseits, man hat ja gelernt, wie man mit dem Fernsehen lügen kann, oder sagen wir vorsichtiger: wie groß die Macht der Bilder ist. Niemand weiß besser als die Berlusconis dieser Welt, daß man mit Hilfe des Besitzes einiger Fernsehkanäle plötzlich eine wichtige politische Figur sein kann. Das gleiche weiß auch Leo Kirch, der freilich für seine Person beschlossen hat, er könne noch mächtiger sein, wenn er unsichtbar bleibe. Wenn dem so ist, hat die Öffentlichkeit allerdings ein noch größeres objektives Interesse, sehr genau zu wissen, wer da eigentlich ein so mächtiger Mann sein will und wie er das anstellt. Und genau das ist der Grund, warum Leo Kirch beschrieben werden muß, selbst wenn das Leo Kirch nicht so gern mag.

Wir sind übrigens ohnehin schon mitten drin in dem Versuch einer Annäherung an den Medien-Magnaten Kirch, der in der Realität ganz so unsichtbar auch wieder nicht ist, wie der Mythos es will. Dafür haben ihn all die Jahre über denn doch zu viele Menschen gesehen, die dann auch gern erzählen, wie herzlich der Mann sein kann und wie bescheiden er in seinem Lebensstil ist. Von seinem spartanisch eingerichteten Büro erzählen sie dann, in dem er arbeitete, als die Firma noch am Kardinal-Faulhaber-Platz im Münchner Stadtzentrum war. Andererseits kommt vieles darauf an, daß sich solche Nachrichten über Leo Kirch mehr durch Flüsterpropaganda verbreiten; schließlich hat der Unsichtbarkeitstick eine ganze Menge mit Kirchs wirtschaftlichem Erfolg zu tun.

Angenommen beispielsweise, daß manche Geschäfte besonders gut florieren, wenn die Geschäftspartner dabei nicht allzu genau beobachtet werden – wäre es dann nicht schon sehr früh ein rechter Segen für Leo Kirch gewesen, daß im Jahre 1976 eine großangelegte, aber offenbar nicht besonders gut abgesicherte Recherche des *Spiegels* über den »Würgegriff«, in dem Kirch das ZDF halte, mit Hilfe von nicht weniger als 22 Gegendarstellungen niederkartätscht werden konnte und daß sich danach viele Jahre lange keine Zeitung mehr so richtig an Kirch herangetraut hat? Außerdem entsteht durch Schweigen ein nützlicher Mythos. Kein Zweifel jedenfalls, daß die Aura des geheimnisvollen, drahtziehenden Geschäftsmannes, wenn sie nur sorgfältig genug gepflegt wird, überaus nützlich sein kann beim Aufbau jener Kontakte, die für einen Händler auf schwierigem Terrain lebensnotwendig sind. Zumal es dann nicht weiter auffällt, wenn auch zu delikaten Einzelfragen einfach nichts gesagt wird.

Übrigens hat das alles wenig mit persönlichen Eigenheiten zu tun: Kontaktscheu zum Beispiel ist Leo Kirch offenbar überhaupt nicht, jedenfalls schon lange nicht mehr, auch wenn ihn Leute, die ihn in seiner Jugend gekannt haben, als hochbegabt, aber eher schüchtern in Erinnerung haben. Im

Gegenteil scheint seine Kunst, mit wichtigen Menschen in der richtigen Weise und überaus charmant umzugehen, ihnen sehr persönliche Briefe zu schreiben (und das Gefühl zu geben, es sei ein Privileg, mit dem großen Kirch ganz entspannten persönlichen Umgang zu pflegen), inzwischen einen wichtigen Teil seines Genies auszumachen. Ein anderer Teil hat gewiß mit einem phantastischen Blick für die Marktlücken zu tun, den er oft zu einem Zeitpunkt hatte, als andere noch nicht einmal gemerkt hatten, daß da eines Tages überhaupt ein Markt sein wird.

Wenn die spärlichen Berichte aus seiner frühen Zeit stimmen, dann interessierten den jungen Betriebswirt und Mathematiker – geboren ist er am 21. Oktober 1926 als Sohn eines fränkischen Weinbauern – schon als Student in Nürnberg und als Assistent an der Münchner Universität vor allem zwei Dinge: Zum einen war das die Kunst des Unternehmers, Monopole zu schaffen; ein Student dieser Jahre erinnert sich daran, daß der junge Kirch aufmerksam an Lesungen des Autors Wilhelm Vershofen teilnahm, dessen Buch »Fenriswolf« die Entstehung des Zündholzmonopols schilderte. Zum anderen aber waren es schon ganz früh die Möglichkeiten, die das Film- und Fernsehgeschäft bieten würden, weshalb er – Michael Radtke beschreibt das ausführlich in seinem detailreichen Buch über Kirch – zusammen mit seinem Studienfreund Hans Andresen noch in Nürnberg eine erste Firma mit dem Namen Sirius gründete. Schon Mitte der fünfziger Jahre, als die Pioniere des Fernsehens noch dachten, sie könnten mit einer neuen, völlig eigenständigen Kunstform die Verbesserung des Menschengeschlechts vorantreiben, wußte der junge Leo Kirch, daß das neue Medium sehr bald einen riesigen Bedarf an Spielfilmen, Serien, Unterhaltung aller Art haben würde. Und als dieser Bedarf endlich auch den Programmverantwortlichen bewußt wurde, da hatte einer schon vorgesorgt: Im Jahre 1955, da war er neunundzwanzig, kauften Kirch und Andresen in Barcelona den Film »Marzellino, pan e vino«, ein Jahr später die Rechte an »La Strada«, für 130 000 Mark, die man sich irgendwie besorgte. Der Anfang war gemacht, es folgten polnische Filme, es folgte »Casablanca« – und ganz bald die entscheidende Idee: Dies alles würde sich nur dann lohnen, wenn man mit dem Fernsehen ins Geschäft käme. Das funktionierte, im Jahre 1959 wurden im Fernsehen schon 45 Filme ausgestrahlt, und nicht wenige davon stammten von Kirch. Ein kleiner Filmhändler hatte begonnen, Unternehmer zu werden, bald waren die Firmen »Beta« und »Taurus« bei den Sendern der ARD ein Begriff.

Es läßt sich einigermaßen gut rekonstruieren im Gespräch mit ehemaligen Mitarbeitern und Geschäftspartnern, wie zielbewußt Leo Kirch schon sehr früh seine beiden größten Begabungen zum Einsatz brachte (und seinen »strategischen Kopf«, von dem sein Hauptgegner Helmut Thoma gelegentlich schwärmt, wenn er Kirch nicht gerade mit Hugenberg vergleicht). Es war im Jahre 1958, als er der ARD das erste Paket Spielfilme verkaufte, es war vier Jahre später, als er in einer für ihn ziemlich verzweifelten finanziellen Lage die ARD-Intendanten dazu brachte, für sieben Millionen ein zweites Paket zu kaufen. Damals war es wohl auch, daß Kirch zum ersten Mal merkte, wie riskant es auf die Dauer ist, auf einem Bein zu stehen. Aber damals hatte sich auch schon der Wind zum ersten Mal sehr heftig zu seinen Gunsten gedreht: Im Jahre 1961 war das Zweite Deutsche Fernsehen gegründet worden, gerade rechtzeitig. Für einen Filmhändler wie Kirch waren schließlich zwei konkurrierende öffentliche Systeme erst einmal wie geschaffen. Er konnte sie gegeneinander ausspielen, um so leichter, als die Programmverantwortlichen der Anstalten in jenen frühen Jahren nichts dagegen hatten, wenn ihnen ein Außenseiter die Mühsal des Verhandelns mit den großen amerikanischen Companies abnahm. Das Geld der Intendanten war es ja nicht, das dabei ausgegeben wurde.

Die Sache ging nun großartig voran. Schon ein paar Jahre nach Gründung des ZDF taten sich auch Branchenkenner schwer bei der Prüfung der Frage, ob Kirch nun mehr auf das ZDF angewiesen war oder das ZDF mehr auf Kirch.

Unbestreitbar ist, daß die Beziehungen, unabhängig davon, wer gerade Programmdirektor war, immer enger wurden, zu beiderseitigem Nutzen. Anders ausgedrückt: Kirch, ständig für Filme sorgend in Amerika und anderswo, begann ein gewaltiges Beziehungsgeflecht zu knüpfen und das so entstandene Netz auszuwerfen über die Sender, damit die Ware, die er da erworben hatte, auch gut an den Mann kam.

Es gibt viele Geschichten darüber, wie es Leo Kirch gelang, immer noch mehr Leute sehr gut kennenzulernen, die er dann wieder als Kunden oder als Vermittler gut gebrauchen konnte. Viele davon sind naturgemäß nicht mehr nachprüfbar, zum Teil, weil die Verhandlungspartner schon tot sind. Korruption? Niemand – auch alte Kollegen nicht, die in Unfrieden von ihm geschieden sind – würde inzwischen ein so unfeines Wort noch in den Mund nehmen, wenn von »Leo« die Rede ist. Höchstens, daß hin und wieder ein paar Anekdoten aufgefrischt werden, wie die über jenen längst verstorbenen Programmdirektor, der eines Tages bei Kirch einen wunderschönen Anzug gesehen und gefragt habe, wo der herstamme, woraufhin er von Kirch an einen gewissen Schneider Dietl in München verwiesen wurde, wo er auch tatsächlich für 800 Mark so einen Anzug erstanden habe. Allerdings, für Leute, die nicht so gut mit Kirch bekannt waren, kosteten solche Anzüge schon damals mehr als 2000 Mark.

Im übrigen erarbeitet man sich, wenn man so was eben kann, seinen Einfluß auf elegantere Weise als durch finanzielle Beihilfen. Kirch, zum Beispiel, setzte seine ganze hilfsbereite Person ein. Gab es in der Branche noch jemand anderen, der so geduldig den Leuten zuhören und ihnen helfen konnte, auch wenn es nur um die Vermittlung eines Arztes für die Tochter eines Hilfsredakteurs ging? Gab es einen anderen, der sich so uneigennützig anbot (»da ruf' ich mal den Fritz Zimmermann im Fernsehrat an«), wenn es darum ging, eine längst fällige Beförderung auf den Weg zu bringen? Wer konnte so gut wie Kirch einem Intendanten Karten für Bayreuth besorgen – wofür hat man denn die eigene

Musikproduktionsfirma? –, wer konnte so gut ein Nachtessen mit Karajan in Salzburg arrangieren? Ein Mensch, der das alles einmal erlebt hat, der sich einmal vom weithin gerühmten Charme des Leo Kirch hat bezaubern lassen, der ist ihm in der Regel für längere Zeit verpflichtet. Meist bleibt ihm auch gar nichts anderes übrig.

Im Laufe der Zeit hat der öffentlichkeitsscheue, uneitle, sehbehinderte Leo Kirch, den niemand Dr. Kirch nennen durfte (»Ich bin doch nicht Ihr Hausarzt«), nicht nur mit immer mehr Geld seine Gemäldesammlung vergrößern können – er wurde vor allem immer mächtiger, auch weil er immer mächtigere Menschen zu seinen Freunden zählen durfte, von Strauß bis Kohl. Und irgendwann haben das dann auch die Leute gemerkt, die ihn sehr lange unterschätzt hatten. Von da an, das begann in den achtziger Jahren, hat es immer mal wieder Widerstand gegeben gegen den großen Filmkaufmann, bei einzelnen Fernsehredakteuren etwa, über die es dann bei Beta/Taurus in Unterföhring hieß, die seien aber undankbar. Schlimmer noch war, daß sogar die Verantwortlichen der ARD im Februar 1984 die Unverfrorenheit besaßen, auf eigene Faust bei MGM ein riesiges Filmpaket zu erwerben und Kirch das schon so gut wie ausgehandelte Geschäft kaputtzumachen.

Klar, daß Kirch da wütend war (und lange, teure Prozesse führte), aber klar war auch, daß ihn so etwas nicht mehr umwarf, weil er sich inzwischen eine ganze Menge zutraute und ja auch zustande brachte. War es etwa nicht ein stolzer Erfolg, damals im Jahre 1984, den Bayerischen Rundfunk aus der ARD-Riege herauszubrechen und den Sender zu überreden, letztlich doch bei Kirch für 50 Millionen Mark 310 Filme zu kaufen? Es muß ein wunderbares Gefühl für Kirch gewesen sein, als er mit ansah, wie später die BR-Filmredaktion mit allen möglichen Anbietern verhandelte, Filme begutachtete, Verträge bastelte: Im Oktober 1984 ging er in die entscheidende Sitzung und teilte dem Intendanten Vöth mit, er dürfe keinen einzigen Film woanders kaufen. Mit Herrn Vöth war man schon seit langem verbunden, seinen

Programmdirektor Oeller kannte man noch sehr viel intensiver; und dann kannte man ja auch viele Rundfunkräte, vor allem aus der CSU, die den Intendanten wieder wählen sollten.

Es muß in jener Zeit gewesen sein, daß sich langsam ein neuer, sehr selbstbewußter Leo Kirch herauszubilden begann – Mitarbeiter erkannten es an kleinen Anzeichen. Da war jener Redakteur des österreichischen Rundfunks, den Kirch aus irgendeinem Grunde nicht leiden konnte und den er eines Tages (»ich zahle das schließlich«) persönlich aus dem Bus warf, der den Mann in Cannes zum festlichen Galadiner im Palasthotel bringen sollte. Da war jener ZDF-Redakteur, der unbedingt befördert werden wollte mit Kirchs Hilfe, statt dessen aber früh pensioniert wurde, ohne daß man sagen kann, wie sich Kirchs drastische Meinungsäußerung über den Herrn (»der alten Nutte sollte man in die Eier treten«) auf diesen Vorgang ausgewirkt haben kann. Und dann war da noch die schöne Geschichte, als der Bambi der Illustrierten *Bunte* feierlich der Hirnverletzten-Stiftung von Hannelore Kohl überreicht wurde: Plötzlich war da Leo, gut befreundet mit den Kohls, strahlend auf der Bühne gestanden und hatte das Rehlein zugunsten der Stiftung für 431 000 Mark ersteigert, um es dann Frau Kohl publikumswirksam zurückzugeben. (Die Mitarbeiter Kirchs, die ein wenig erschrocken waren, als sich ihr Chef plötzlich so großzügig gebärdete, ahnten nicht, daß der nur 25 000 Mark auf eine Summe gelegt hatte, die zuvor schon von einer ganzen Gruppe von Honoratioren gesammelt worden war.)

Ganz offensichtlich war, daß Leo Kirch in jenen Jahren beschlossen hatte, nun nicht mehr allzu viele Rücksichten zu nehmen, lieber mal nach vorn zu gehen – sonst hätte er zum Beispiel, als er sich mit den Herren von der ARD endlich versöhnt hatte, nicht gleich wieder nachgetreten und ausgerechnet dem ZDF jenen einzigen James-Bond-Film verkauft, den die ARD nicht besaß. Und ganz eindeutig hatte dieses neue Selbstbewußtsein mit dem Heraufziehen der neuen Medien zu tun, genauer mit dem Sender SAT.1, bei dem sich

Kirch nicht nur beteiligte, sondern auch neue Abnehmer fand. Die Konstellation war ja auch wie für ihn erfunden – und es traf sich gut, daß er wieder ein paar der Politiker sehr gut kannte, die sich große Verdienste bei der Einführung der Privaten erworben hatten: Endlich war er nicht mehr angewiesen auf die Öffentlich-Rechtlichen und die Beförderungswünsche der dortigen Mitarbeiter (von denen einige Getreue aus ZDF oder BR ohnehin bald bei SAT.1 landeten); endlich auch hatte er einen Abnehmer für all die alten Bonanza-Serien, die ihm die Gebührenzahler von ARD und ZDF schon einmal bezahlt und vor allem synchronisiert hatten, für Filme, die sonst keiner mehr haben wollte und die nun für angeblich 600 Mark pro Minute bei SAT.1 ausgestrahlt wurden. Das war schon deshalb sehr günstig, weil das ganze Geld, das der SAT.1-Gesellschafter Kirch in die Anlaufverluste des Senders investieren mußte, der Hauptlieferant Kirch gleich wieder einnahm. Die Experten rechneten in diesen ersten Jahren mit mehr als 60 Millionen Mark, mindestens.

Wenn einer es so weit geschafft hat, dann hat er Anlaß zu Selbstbewußtsein – und zu neuen Plänen. Erst seit es die privaten Medien gibt, ist Leo Kirch wirklich das geworden, was man einen Tycoon nennen könnte: eine Figur, die wie die Spinne im Netz schon überall sitzt, wo die kleinen Mücken ein Plätzchen suchen. Und dauernd neue Fäden knüpft.

Es war klar, daß das nicht immer so lautlos abgehen würde, wie sich die Spinne das vorstellte, aber das mußte in Kauf genommen werden. Wenn der Krieg in aller Öffentlichkeit stattfinden muß, dann geht sogar Leo Kirch in die Öffentlichkeit, wenigstens gelegentlich. So ist es kein Wunder, daß die ganz wenigen Interviews, die Kirch gegeben hat, fast ausschließlich in die Zeit des großen Kriegs mit den Brüdern Burda und dann mit dem gesamten Hause Springer fielen: des Kriegs um die Macht im Axel Springer Verlag, nebst allem, was damit zusammenhängt.

Weil der Krieg längst beendet ist und einen einzigen Sieger hat, nämlich Leo Kirch, brauchen die Einzelheiten des Schlachtverlaufs hier nicht mehr in aller Breite aufgeschrieben zu werden; peinlich sind sie vor allem für einige Journalisten des Hauses Springer, die sich während der Gefechte in einer Art für die Geschäftsinteressen der Aktienmehrheit einspannen ließen, wie es in der Nachkriegsgeschichte des deutschen Pressewesens bis dahin undenkbar gewesen war. Tatsache ist, daß die Springers zuerst, das war im Jahre 1985, die Übernahme von 10 Prozent der Aktien durch die Münchner Kirch-Gruppe durchaus begrüßten, dann sehr wütend wurden, als sich herausstellte, daß Kirch heimlich mindestens 26 Prozent der Anteile hielt, und im Laufe der folgenden Jahre deshalb versuchten, ihn möglichst ganz zu Boden zu werfen. An solchen Versuchen wächst ein echter Tycoon, aber erst einmal lag er schon beinahe am Boden.

Schon wankte Kirch unter den täglichen Schimpfkanonaden der Bild-Kommentatoren, die sichtlich auch seinen wichtigen Kunden ZDF beeindruckten, schon rang er nach Luft, als die Gremien von SAT.1 auf Geheiß des Springer-Vorstandes ihm ein 756-Millionen-Filmpaket nicht abkaufen wollten: Da kam aus düsterem Himmel ein Engel namens Otto Beisheim eingeschwebt, dessen Metrokonzern dem Leo Kirch für 760 Millionen, sagt ein Eingeweihter, einen Teil seines Filmstocks abkaufte und ihn damit buchstäblich rettete.

In »zerissenen Unterhosen«, sagt ein Mitarbeiter Kirchs, sei »der König« in den schlimmen Monaten zu besichtigen gewesen, Leo Kirch selber aber wird von einem Ohrenzeugen mit dem Satz zitiert, der 2. Januar 1990 sei »der schönste Tag meines Lebens« gewesen: der Tag nämlich, an dem er mit einem Scheck über 800 Millionen dem darüber sehr verblüfften Bankier Guthardt von der DG-Bank mit einem Schlag seine Schulden zurückbezahlte. Als das schon mal gelaufen war, hat Leo Kirch noch einen schweren Autounfall überlebt und einen zuckerbedingten Zusammenbruch im November 1991. Seitdem hält er sich, sagt der oben erwähnte Mitarbeiter, »in Wahrheit für unsterblich« – und ist durch nichts so leicht aus der Fassung zu bringen, als wenn jemand das Gespräch auf die Frage bringt, ob und wann der Sohn einmal sein Nachfolger wird. Ein Mythos hat nämlich keinen Nachfolger.

Wahrscheinlich dürfte es sich bei dieser Einschätzung in Sachen Unsterblichkeit aber doch um einen Irrtum handeln: Auch Randolph Hearst ist irgendwann gestorben oder Howard Hughes, an den in seiner bizarren Öffentlichkeitsscheu der Unternehmer Leo Kirch eher erinnert als an jenen Alfred Hugenberg, den der RTL-Chef Helmut Thoma dauernd mit Kirch zu vergleichen pflegt. Unabhängig von solchen Polemiken ist allerdings klar, daß Leo Kirch mit tatkräftiger Hilfe von politischen Freunden, und weitgehend unter Ausschluß der Öffentlichkeit, Strukturen geschaffen hat, die das deutsche Medienwesen des 21. Jahrhunderts prägen werden, auch wenn der Meister schon lange nicht mehr sein wird. Und daß man als Verbraucher dieser Medien (oder gar als jemand, der darin vernünftig arbeiten möchte) wenig Grund hat, von dieser Entwicklung begeistert zu sein.

Seit Kirch wieder unbegrenzt kreditfähig ist, seit er seinen Streit mit den Springers beigelegt hat, seit er seine Aktienanteile am Hause Springer auf ingesamt »35 Prozent plus eine Aktie« gesteigert hat, wie es im März 1993 hieß (ein Anteil, der sich inzwischen nach Aussage eines sehr kompetenten Zeugen auf »mehr als 40 Prozent gesteigert hat«): Seit alledem führt nicht nur im deutschen Fernsehwesen an Kirch kein Weg mehr vorbei. Kirch hat den Deutschen Bücherbund gekauft, Kirch besitzt 49 Prozent vom Schweizer Verlagshaus Ringier, Kirch produziert über seine zahllosen Firmen für beinahe jeden deutschen Fernsehkanal Spielfilme und Serien, auch wenn er gerade nicht an diesem Kanal beteiligt ist. Wer ins Geschäft einsteigen möchte, als Regisseur oder Drehbuchautor, stellt sich am besten sehr gut mit dem Hause Kirch. Wer sich mit Kirch ernsthaft anlegt, sollte sich auf längere Sicht vielleicht einen anderen Beruf suchen. Wie attraktiv und wie reich das Unternehmen inzwischen ist, hat man im Februar 1995 gesehen, als auf einen Schlag die erfolgreichsten Unterhaltungs-Stars der Fernsehbranche aus ARD, ZDF und RTL zu SAT.1 übergelaufen sind, begeistert begrüßt von den Schlagzeilenmachern der *Bild*, die bei dieser Gelegenheit wieder einmal zeigen konnte, wie segensreich es sich auswirkt, wenn Printmedien und Fernsehen einander unterstützen.

Die Frage, was an einer solchen Entwicklung problematisch ist, hat man in der deutschen Mediendiskussion durchaus immer wieder gestellt, vor allem dann, wenn Kirch selbst oder über seinen Sohn Thomas wieder einmal einen Fernsehkanal übernommen oder seinen Einfluß darauf erweitert hat. Dann haben die Medienpolitiker und die Präsidenten der Landesmedienanstalten und die Kartellrechtler laut darüber debattiert, ob das geht: daß ein und dieselbe Gruppe bei SAT.1 und Pro 7 und dem Deutschen Sportfernsehen das Sagen hat und Anteile bei Premiere und mehreren ausländischen TV-Stationen besitzt und daß sie gleichzeitig auch noch, weil Kirch und Springer die Agentur ISPR gehört, darüber bestimmen kann, in welchem Kanal die Spiele der Fußballbundesliga gezeigt werden dürfen. Es ist dann immer eine gewisse Zeit heftig über solche Fragen gestritten worden, bei der die geschickten Öffentlichkeitsarbeiter des Hauses Kirch gern zu erwägen gegeben haben, daß Sohn Thomas schließlich eine eigenständige Person sei, die sehr zur erwünschten Meinungsvielfalt beiträgt. Dann war jeweils die Diskussion zu Ende, Kirch war mächtiger denn je, und sein Pressesprecher Zmeck erklärte auf Anfrage, es sei »eine gewaltige Roßtäuscherei zu behaupten, daß Kirch eine meinungsmachende Figur ist«.

Das ist er vielleicht wirklich nicht, nicht in dem Sinne, daß er sich für Tagespolitik engagieren würde und zum Beispiel per Hausmitteilung bekanntgäbe, wie man auf seinen Fernsehkanälen die jeweils neueste Steuergesetzgebung zu kommentieren habe. Es ist nur so, daß er langsam wirklich dabei ist, zum Programmdirektor der Nation zu werden, und daß sich diese Nation damit schon völlig abgefunden hat. Sie merkt es noch nicht einmal: Leo Kirch, sagen die Fachleute, ist es zum Beispiel zu verdanken, daß der eingefleischte CSU-Redakteur Heinz Klaus Mertes vom Bayerischen Fernsehen als Programmdirektor zu SAT.1 gewechselt ist; Heinz Klaus Mertes wiederum ist es zu verdanken, daß der Bun-

Unsichtbar, außer bei besonderen Gelegenheiten: Leo Kirch mit seinem Freund Franz Josef Strauß.

deskanzler regelmäßig bei diesem Sender seine Botschaften unters Volk bringt, vor allem, wenn Wahlen bevorstehen und weitgehend ungestört von Fragen. Und zum Ausgleich für alles hat dann Mertes immer mal wieder in der *Bild* geschrieben, welche im übrigen die Sendungen von SAT. 1 in schöner Regelmäßigkeit großartig findet, auch in jenen Tagen, in denen ein großer Teil des Programms aus dürftigen Quizshows bestanden hat oder aus Schulmädchenreport eins bis neun, immer wieder.

Programmdirektor der Nation? Das ist inzwischen mehr als ein polemisches Aperçu, es kommt der Realität schon ziemlich nahe: Da hat einer die Rechte an den meisten alten Filmen und die besten Möglichkeiten beim Einkauf neuer, produziert eine Unmasse von Sendungen und bestimmt in den Sendern, wie oft was abgespielt wird. Eine Lizenz zum Gelddrucken ist diese »vertikal integrierte Konzentration«, wie Fachleute so etwas nennen. Und kombiniert ist sie mit dem Anspruch auf den Beifall all der Zeitungen, in denen der Meister mehr oder weniger das Sagen hat und die sich gar nicht mehr einkriegen können vor Begeisterung, wenn SAT.1 es geschafft hat, der Konkurrenz den Gottschalk wegzunehmen und Harald Schmidt.

Was Leo Kirch angesammelt hat im Laufe seines Lebens, ist vor allem Macht über die Köpfe der Menschen, sehr viel Macht. Ist da der Wunsch so abwegig, gelegentlich den Mann auch sehen zu wollen, der sie ausübt?

Abwegig vielleicht nicht, aber leider unerfüllbar, wir sind ja nicht die einzigen, die da scheitern. Ende 1994 hat die ARD einen Film ausgestrahlt, in dem sie versucht hat, dem Mysterium Kirch ein wenig auf die Spur zu kommen. Daß der Meister selbst nicht vor die Kamera gehen würde, war ohnehin klar, aber immerhin hatten sich zwei seiner führenden Mitarbeiter bereit gefunden. Die Geräte wurden aufgebaut, die Interviews begannen. Und dann konnte die Nation dabei zusehen, wie mitten im Gespräch das Telefon bimmelte und der Chef seinen Leuten befahl, sie sollten den Unsinn sofort beenden. Das war schon auch ein Dokument.

Ach ja, ein paar Monate später habe ich dann selbst noch mal einen Versuch gestartet, Mr. Tycoon persönlich zu sprechen: Habe einen Brief geschrieben, habe mehrfach versucht, seinen Vertrauten Zmeck zu sprechen, habe diesen irgendwann getroffen, weil wenigstens der Vertraute noch nicht unsichtbar ist. Doch, sagt der, ein paarmal habe er schon bei mir angerufen. Um mir doch noch einen Termin zu verschaffen?

Das gerade nicht – aber eine intelligente Begründung hätte mir der Chef dafür ausrichten lassen wollen, daß er nicht mit mir sprechen wolle: Ob ich nicht selbst in jenem Fernsehfilm der ARD gesagt hätte, es gebe einen Zusammenhang zwischen Kirchs Unsichtbarkeit und seinem Erfolg. Na also, warum sollte er dann mit mir sprechen?

Fred Luchsinger oder: Von einem der auszog, ein Weltbürger zu werden

An diesem milden Apriltag des Jahres 1995 erweist sich die *Neue Zürcher Zeitung* in mehrfacher Hinsicht als nützlich. Zum Beispiel hätte man an diesem Tag gewiß aus keiner anderen deutschsprachigen Zeitung mit Hilfe eines längeren Artikels erfahren, daß und warum die Volksgruppe der Maori gerade so unzufrieden ist mit dem neuseeländischen Minderheitenschutz. Und außerdem bewährt sich die Zeitung heute als Erkennungszeichen: Fred Luchsinger hat sich die Mittwochausgabe der *Neuen Zürcher* unter den Arm geklemmt, damit der Besucher aus München am Ende des Bahnsteigs im Zürcher Hauptbahnhof keinen fremden Herrn als früheren Chefredakteur der NZZ ansprechen möge.

Die Gefahr wäre allerdings so groß auch wieder nicht gewesen. Luchsinger, hochgewachsen, kerzengerade, markanter Kopf, ist bekannter, als er denkt; und daß er es ist, hängt natürlich damit zusammen, daß er viele Jahre hindurch einer der berühmtesten Zeitungen der Welt vorgestanden ist – einer Zeitung, die nicht zuletzt deshalb so berühmt ist, weil man in ihr regelmäßig das Wichtigste über die Probleme der Maori und ungefähr aller anderen Stämme erfährt, die den Erdball bevölkern. Nein, provinziell ist das Blatt nicht, das in der Zürcher Falkenstraße redigiert wird – und Fred Luchsinger ist es auch nicht.

Das ist schon mal das Spannende an der Schweiz: daß sie ein sehr kleines Land ist und daß sie nicht zuletzt deshalb so sehr in Blüte steht, weil es noch immer genug Menschen in diesem Lande gibt, deren Interesse für die Dinge der Welt nicht am Alpenhauptkamm zerschellt oder im Bodensee ertrinkt. Das Spannende an der *Neuen Zürcher Zeitung* wiederum ist, daß man mit diesen und für diese Menschen sogar eine Zeitung von Weltruf machen kann. Wie ungewöhnlich diese Kunst ist, kann man sehr eindrucksvoll mit einem einigermaßen bösartigen Vergleich beweisen: Die Schweiz hat dreieinhalb Millionen deutschsprachige Einwohner, etwas weniger als Groß-Berlin. Eine Zeitung wie die NZZ hat Berlin nicht.

Aber beginnen wir mit der Geschichte Fred Luchsingers (der lustigerweise im Laufe unseres Gesprächs einmal sagt, ein wenig habe er sich mit seinen Vorstellungen vom Zeitungmachen immer an der Berliner Presse der Weimarer Zeit orientiert): Es ist die Geschichte eines Weltbürgers, der nun wirklich nicht als Weltbürger auf die Welt kam. Geboren ist Fred Luchsinger im Jahre 1921 in der Nähe von St. Gallen, als Sohn eines »ganz kleinen Reisekaufmanns«, eines Vertreters also, der gern hätte Lehrer werden wollen und dessen ganzer Ehrgeiz es nun war, wenigstens seinem Sohn zu dieser Karriere zu verhelfen. Der begabte Junge durfte aufs Gymnasium gehen, aber schon fürs Studium hätte das Geld auf keinen Fall gereicht. Deshalb verpflichtete sich der Abiturient, als er seinen Wehrdienst ableisten mußte, zur Luftwaffe. Weil das nicht ungefährlich war, gab es Sondervergünstigungen, und dieses Geld reichte dann fürs Studium, erst in Zürich, dann in Basel.

Behindert wurde das Studium erst einmal vom Krieg, denn die Schweiz war zwar neutral, aber umzingelt von lauter Staaten, die miteinander im Krieg lagen, so daß das vorherrschende Gefühl die Angst war: »Um Gottes willen«, hatte der 17jährige Luchsinger gedacht, als er im Jahre 1938 mit dem Fahrrad nach St. Margareten gefahren war und all das Geschrei und die Transparente gesehen hatte – »ein Volk, ein Reich, ein Führer«. Als der Krieg auch im Westen begonnen hatte, das war 1940, rechnete das kleine Land kurzfristig ernsthaft mit einem Überfall der Deutschen; danach galt die ganze Sorge dem Versuch, sich ja nicht in den Krieg verwickeln zu lassen. Von 1942 bis zum Schluß flog der junge Copilot Luchsinger »Neutralitätsschutz«, was bedeutete, daß er dabei war, wenn Flugzeuge fremder

Mächte zum Landen gezwungen wurden, Deutsche genauso wie Engländer. Am Ende des Krieges war er Major und »geistig sehr engagiert« in Sachen Landesverteidigung, auch weil er sehr genau gewußt hatte, gegen wen es das Land zu verteidigen galt und warum. Zu Hause bei den Eltern hatte ein jüdisches Ehepaar zur Untermiete gewohnt, das illegal aus der Tschechoslowakei gekommen war.

Und trotzdem wollte der junge Mann, kaum hatte er nach dem Krieg sein Studium beendet – er hatte Geschichte und Philologie studiert und über den »Basler Buchdruck als Vermittler italienischen Geistes« promoviert –, unbedingt nach Deutschland. Siebenundzwanzig war Dr. Luchsinger nun alt, und nichts war plötzlich so dringend wie der Wunsch, wegzugehen, die enge Schweiz hinter sich zu lassen. Sehr schnell gelang ihm das nicht: Zuerst vermutete er die große weite Welt in Münster, wo er »irgend etwas in der Erwachsenenbildung« machen wollte, danach im Schwarzwald, wo er ein Studentenheim hätte leiten sollen, wenn er den Franzosen hätte versprechen können, daß dort nur die Bücher gelesen würden, die den Besatzern genehm waren. Als sich die Pläne zerschlagen hatten, mußte er widerwillig zurück nach Zürich, wo ihm ein Studienfreund zu einem Volontariat in der *Neuen Zürcher Zeitung* verhalf. Luchsinger hatte da nicht hingewollt, wußte auch überhaupt nicht, ob er Journalist werden wollte und ob er das Zeug dazu haben würde, fand es zudem in der Nachrichtenredaktion, wo sie ihn erst einmal hinsteckten, wenig aufregend. Erst ein paar Jahre später sollte er merken, daß er doch in der großen Welt gelandet war.

Die NZZ war ja nichts Geringeres als eine Institution, ein Blatt, das schon damals mit Stolz auf fast zweihundert Jahre Geschichte zurückblickte. Gegründet im Jahre 1780, war sie spätestens im Jahre 1820 »das Blatt des schweizerischen Liberalismus« (Luchsinger) geworden, vor allem auch des parteipolitischen Liberalismus, was sie zu einem wichtigen und nicht ganz unproblematischen Teil immer noch ist. Damals auch schon wurde aus einer Not eine typisch schweizerische

Tugend gemacht, von der das Blatt noch heute profitiert: Weil die Obrigkeit an der Pressefreiheit, für die der damalige Chefredakteur Paul Usteri so sehr gekämpft hatte, an innenpolitischen Angelegenheiten nicht übermäßig interessiert war, verlegte sich die Redaktion schon bald auf eine besonders intensive und freie Berichterstattung aus dem Ausland. Und war mit diesen Berichten so unerschrocken, daß die Zeitung von den Nazis für das Reich verboten wurde, kaum waren die acht Monate an der Macht.

Man muß die Konstruktion dieser Institution vermutlich noch ein wenig genauer zu schildern versuchen, damit klar wird, wie die Zeitung funktionierte, in die der junge Luchsinger damals kam. Eines der unerschütterlichen Fundamente der NZZ ist seit langer Zeit, daß sie eine Aktiengesellschaft ist und daß die Aktionäre, wenn sie nicht zur Freisinnigen Partei gehören, dieser zumindest nahestehen müssen: genauer gesagt also einer Partei, die einerseits für die klassischen liberalen Positionen (etwa die Trennung von Kirche und Staat und die Gewaltenteilung) steht, die aber andererseits mit allen machtpolitischen Mitteln für eine streng am Markt orientierte, von sozialen Bedenken möglichst unbehelligte Wirtschaftspolitik kämpft. Wie nützlich es ist, wenn eine Partei, die diese Ziele vertritt, sich zur Unterstützung ihrer innenpolitischen Positionen eine eigene Zeitung hält, läßt sich wahrscheinlich auch an der Tatsache ermessen, daß die Liberalen der Schweiz noch heute sehr viel mehr politische Macht haben als das in so ziemlich jedem anderen Lande Mittel- und Westeuropas der Fall ist.

Andererseits hätte die allzu plumpe Bindung einer Zeitung an eine bestimmte Partei leicht die Reputation des Blattes und dessen Qualität ruinieren können: Eine selbstbewußte Redaktion darf sich nun einmal von niemandem in die Arbeit pfuschen lassen, auch nicht von einer Partei, der sie im Prinzip nahesteht. Daß das, von gelegentlichen und dann ziemlich peinlichen Ausnahmen abgesehen, nicht passiert ist, hängt mit einer anderen Besonderheit der »Züri Zitig« zusammen (wie die Schweizer und die, die schon einmal in der Schweiz waren, sie liebevoll nennen): Die Aktionäre kontrollieren zwar, über den Verwaltungrat, die Geschäfte der Zeitung, stellen auch die Chefredakteure an, aber wenn sie das getan haben, mischen sie sich nicht weiter ein. Vermutlich gibt es wenige Zeitungen, mindestens im deutschen Sprachraum, in denen der Chefredakteur und mit ihm die von ihm ausgesuchten Journalisten derart unabhängig agieren können, solange sie das Vertrauen des Verwaltungsrates haben. Es ist der Chefredakteur, der die Gehälter der Redakteure aushandelt, es ist der Chefredakteur, der allein die äußere Gestaltung der Zeitung verantwortet; und über die Frage, wie die Zeitung mit bestimmten politischen Tagesfragen umgehen solle, sagt Luchsinger, habe der Verwaltungsrat in seiner Zeit als Chefredakteur kein einziges Mal mit ihm auch nur diskutiert.

Der Chefredakteur Luchsinger – das ist er freilich noch lange nicht in diesem Jahre 1949, in dem wir ihn verlassen haben. Erst einmal sieht es so aus, als wäre er in der Falkenstraße wieder genauso eingesperrt wie vor seinem Ausflug nach Deutschland und als würde sich so bald daran nichts ändern. Der Eindruck verstärkt sich, als ihn die Redaktion für kurze Zeit als Vertretung in das vom kalten Krieg geschüttelte Berlin schickt, ihn aber dann doch wieder zurückholt in die Nachrichtenredaktion, wo er Berichte aus dem Ausland redigieren, aber eben ganz selten schreiben darf. (Ein erster Durchbruch, erinnert er sich, sei ihm zwar mit einem großen Essay über Ernst Jünger gelungen, aber große Folgen hatte der erst einmal nicht.) Ziemlich frustriert bewirbt sich Luchsinger für ein Stipendium in Yale, lernt dort – es ist gerade McCarthy-Zeit – auch ein paar Amerikaner mit sehr merkwürdigem Demokratieverständnis kennen, fährt anschließend vier Monate mit dem Auto quer durchs Land. Dann holt ihn die Redaktion zurück, »und von da an beginnt meine beste Zeit«, wie er vierzig Jahre später halb fröhlich, halb melancholisch sagen wird. Im Jahre 1955 wird Fred Luchsinger Korrespondent der *Neuen Zürcher Zeitung* in Bonn.

Vermutlich der Journalist, den der Bundeskanzler am häufigsten gesprochen hat: Der Schweizer Fred Luchsinger verabschiedet sich 1963 nach jahrelanger Tätigkeit in der Bundesrepublik von Konrad Adenauer.

Journalismus in der Hauptstadt der jungen deutschen Republik muß damals aus vielen Gründen eine sehr spannende Angelegenheit gewesen sein: Das Staatswesen war bei weitem nicht so gefestigt, wie es im Rückblick auf die Adenauer-Zeit heute erscheinen mag, die Kontroversen zwischen Regierung und Opposition waren leidenschaftlicher und – zum Beispiel in der Frage der Wiederbewaffnung – substantieller als heute, und sie gingen überdies quer durch die Parteien selbst und durch die Regierung. Weil das Fernsehen noch fast ohne Bedeutung war, hatten die Printjournalisten einen Stellenwert, den man heute kaum noch ermessen kann. Besonders groß aber war die Bedeutung der Auslandspresse, nicht zuletzt weil die Republik noch unsicher und bei Verbündeten und Freunden sehr um ihren Ruf besorgt war.

Gerade deshalb begann Luchsingers Zeit in Bonn erst einmal mit einem Skandal, für den er nichts konnte: Sein Vorgänger, ein ausgewiesener Deutschlandexperte namens Geilinger, wurde von der Chefredaktion in Zürich abberufen, angeblich, weil er sich zu sehr auf die Seite der Sozialdemokraten geschlagen hatte, was – wiederum angeblich – zu einer Intervention des Vizekanzlers Blücher bei Geilingers Vorgesetzten geführt hatte. Ausgerechnet die Zeitung, die sich sonst mit Recht soviel auf ihre Unabhängigkeit zugute hielt und darauf, daß sie dem Sachverstand ihrer Korrespondenten fast blind vertraute, ausgerechnet diese Trutzburg der Pressefreiheit geriet plötzlich in Verdacht, einer politischen Pression erlegen zu sein, noch dazu einer freidemokratischen, was den Verdacht noch plausibler machte. Weil Zeitungen damals ungeheuer ernst genommen wurden, war Geilingers Abberufung ein Politikum, das zu einem gewaltigen Pressewirbel in Deutschland führte und dazu, daß Luchsingers Start denkbar schwierig war. »Ich hatte lange Zeit sehr daran zu knabbern«, sagt Luchsinger.

Auf der anderen Seite hatte er es auch bald sehr gut – und das hing nun wieder damit zusammen, daß der deutsche Bundeskanzler an ihm schnell einen Narren gefressen hatte. Konrad Adenauer war ohnehin schon sehr lange auf die *Neue Zürcher* fixiert gewesen, er hatte sie schon vor dem Krieg gelesen und vor seiner Zeit als Oberbürgermeister von Köln. Als er dann Bundeskanzler geworden war, hatte das Blatt, das war während des Koreakriegs, auch noch seine Außenpolitik mehrmals in Leitartikeln tatkräftig unterstützt – richtig gut hatte es deshalb der neue Korrespondent, der zusätzlich auch nicht im Verdacht stand, die Opposition zu unterstützen. Das erste Gepräch zwischen den beiden gab es nach Adenauers Rückkunft aus Moskau – es war der Beginn einer wunderbaren Freundschaft.

Freundschaft ist gewiß weit übertrieben, es war nur so, daß der alte Herr einem neutralen Schweizer gegenüber offenbar wenig Antrieb hatte, sein Herz als Mördergrube zu tapezieren, was auch damit zu tun haben mochte, daß Luchsinger ein ausnehmend höflicher Mensch sein kann, sehr vertrauenswürdig aussieht, gar nicht wie einer dieser ausgebufften Journalistenprofis, vor denen sich manche Menschen nicht ganz zu Unrecht ein wenig gruseln. Wie auch immer: Die beiden Herren haben von da an immer wieder Gespräche unter vier Augen gehabt, Gespräche, bei denen Luchsinger einen Kanzler kennenlernte, der »von einer fast pathologischen Angst besessen war, die Weltmächte könnten einen Deal über die Köpfe der Deutschen machen«. Einer von Adenauers hervorstechenden Charakterzügen war nach Luchsingers Eindruck das Mißtrauen eines Menschen, der schon zuviel erlebt hat – entsprechend fielen seine Personenbeschreibungen aus, an die sich Luchsinger lebhaft erinnert: »Sehr skeptisch« habe Adenauer über John Foster Dulles gesprochen, noch viel größer sei das Mißtrauen gegen de Gaulle gewesen, den Adenauer zum erstenmal in Colombey getroffen hatte. Damals hatte Luchsinger gerade in einem Artikel geschrieben, die Unterredung sei sehr gut gelaufen, woraufhin ihn der Bundeskanzler ärgerlich anrief, um ihm mitzuteilen, so sei es aber gar nicht gewesen, vielmehr sei alles sehr kompliziert; später, nach dem Putsch in Algerien und der beschwörenden Rede de Gaulles an die Franzosen (»Helft mir«), hat Adenauer dem Schweizer Korrespondenten anvertraut, der Franzose sei »verrückt«, und noch später, nach de Gaulles Triumphfahrt durch Deutschland hieß die Botschaft: »Herr Luchsinger, ich sage Ihnen, dat is eine jefährliche Mann.« Immer hatte Adenauer jemanden wegen irgend etwas im Verdacht: die Franzosen, daß sie das gute Verhältnis der Deutschen zu den Amerikanern kaputtmachen wollten, die Amis, nach dem Bau der Mauer, daß sie sich davonmachen könnten aus Europa.

Einiges spricht dafür, daß es keinen Journalisten in jenen Bonner Jahren gegeben hat, den Adenauer öfter gesehen hat als gerade den Schweizer, der nie Journalist hatte werden wollen und jetzt manchmal sogar in die Rolle eines Ratgebers hineinwuchs. Nie vergessen wird Luchsinger den Tag, an dem Adenauer ihn um Rat fragte, ob er denn seinen Entschluß, Bundespräsident zu werden, noch einmal umwerfen solle. Luchsinger sagte, das gehe nicht, Adenauer bestand darauf, dann wolle er aber auf jeden Fall auch Bundesvorsitzender der CDU bleiben. Das sei erst recht unmöglich, sagte der Schweizer, woraufhin der Alte sein zerfleddertes Exemplar des Grundgesetzes vom Schreibtisch holte und ihn aufforderte, er solle ihm mal zeigen, wo das stehe. Zum Schluß sagte Adenauer, er bleibe dann eben doch Kanzler, die Erregung, die das auslösen werde, werde nach ein paar Wochen auch wieder vorbei sein. Womit er recht hatte.

Ein kleines bißchen wehmütig ist Fred Luchsinger, wenn er von »dieser schönsten Zeit meines Lebens« erzählt: von seinen Begegnungen mit Carlo Schmid und Fritz Erler, von dem Abend bei sich zu Hause, an dem ein angetrunkener Strauß (»er war nicht gut in Form an diesem Tag«) der Reihe nach den Korrespondenten von *Le Monde*, BBC und *New York Times* mitteilte, daß ihre Länder im Grunde die Hauptschuldigen seien an Hitlers Aufstieg und daß er, der Schweizer, gefälligst ganz ruhig sein solle: »Ihr habt doch die Waffen an ihn verkauft, ich habe selber die Quittungen gesehen.« Bonn, sagt Luchsinger, »war ein bemerkenswerter Platz in den fünfziger Jahren, gerade für Ausländer«. Für Bonn wiederum war es wichtig, daß dort auch Ausländer arbeiteten, die das Experiment mit der zweiten deutschen Republik mit Wohlwollen begleiteten: »Die ständigen Nazi-Enthüllungen der anderen habe ich nicht mitgemacht.«

Er hat unglaublich viel geschrieben in den acht Jahren Bonn, fast täglich war eine seiner Analysen im Blatt; nie, sagt Luchsinger, hätte er sich vorher zugetraut, daß er in diesem Tempo arbeiten könne. Dann hatte er sich mit dieser Arbeit einen so großen Namen gemacht, daß er Karriere machen mußte. Als er im Herbst 1963 nach Zürich zurückbeordert wurde, um die Auslandsredaktion zu leiten, wußte er schon, daß er der Kronprinz war, der Mann, der ausersehen war, irgendwann Chefredakteur zu werden. Im Jahre 1967 löste er den legendären Willy Bretscher ab, der dem Blatt nicht weniger als 34 Jahre vorgestanden hatte: Auch das vermutlich ein Rekord in der Pressegeschichte – und ein schöner Beweis, daß man mit Kontinuität und unaufgeregter Personalpolitik überaus erfolgreich sein kann.

Andererseits war es nicht so, daß es nicht einen gewissen Reformstau gegeben hätte, als Luchsinger das Steuer übernahm. Eines der größten Probleme war, daß die NZZ noch immer dreimal täglich mit komplett neuen Ausgaben erschien, die mit den Nachrichten vollgepackt waren, wie sie der Reihe nach in der Redaktion aufgelaufen waren. Es war diese Erscheinungsweise ein Relikt aus den Tagen, in denen die Rundfunksender nicht stündlich die neuesten Meldungen verbreiteten und in denen die Post in der Lage war, dreimal täglich zuzustellen. Der neue Chefredakteur änderte das in zwei Etappen, und zusätzlich hatte er, als 1974 auf einmaliges Erscheinen umgestellt wurde, die Zustellung so entscheidend verbessert, daß zum ersten Mal seit langer Zeit die Auflage deutlich anstieg. Als Luchsinger anfing, stagnierte sie bei 80 000 Exemplaren, als er Anfang 1985 in den Ruhestand ging, waren es 140 000.

Redaktionell hatte er so schrecklich viel nicht verändert. Immer noch lebte das Blatt, wie es das noch heute tut, von den Auslandskorrespondenten, von denen es sich inzwischen sechzig festangestellte hält (auch das vermutlich ein Rekord), immer noch lieferten diese Korrespondenten ihren Lesern nicht nur Tatsachen und Zahlen, sondern im selben Bericht gleich auch deren Einordnung und Vertiefung, ganz gegen die etwas naiven Lehren der Angelsachsen, die den Deutschen nach dem Krieg erklärt hatten, demokratischer Journalismus sei nur vorstellbar mit strikter Trennung von Nachricht und Kommentar. Wenn Luchsinger eine Revolution im Sinne hatte, dann war es »eine konservative Revolution«, wie er sagt: Nicht eingeführt wurde in seiner Zeit der Versuch, mit witzigen oder gar reißerischen Überschriften Leser zu fangen (»Adalbert Stifter«, stand dann weiterhin schlicht über einem Artikel im Feuilleton); eingeführt wurden dagegen eine tägliche Redaktionskonferenz und die vergleichsweise schon fast effekthascherische Gewohnheit, einen Leitartikel der Zeitung mit dem Kürzel des Autors auszuweisen. Diese letzte Neuerung hatte vielleicht damit zu tun, daß Adenauer einmal sein Bedauern darüber ausrichten ließ, »daß der Luchsinger jetzt gar nichts mehr schreibt«.

Er hat natürlich doch noch geschrieben, scharfsinnige außenpolitische Analysen vor allem, gelegentlich auch sehr entschiedene Eingriffe in die Schweizer Innenpolitik unternommen, die gleich zu Beginn seiner Zeit mit einem Phänomen konfrontiert war, auf das die beschauliche Schweiz überhaupt nicht vorbereitet war: Sowohl durch Luchsingers sehr staatstragende Artikel anläßlich der Züricher Stundentenunruhen wie durch einige ziemlich bösartige Kampagnen gegen angebliche Linksextreme und gegen Schweiz-Kritiker verscherzte es sich die NZZ für lange Zeit bei den Schweizer Intellektuellen – nicht nur bei Max Frisch, der das Blatt so verzopft und reaktionär fand wie das ganze Land.

Andererseits war der Chefredakteur doch wieder ein Liberaler, nicht nur als Parteimitglied (als welches er sich, im Gegensatz zu manchen Kollegen, dagegen wehrte, für ein Parlamentsmandat zu kandidieren, weil das nicht zusammen gehe mit seinem Beruf): Nach einigen Jahren arbeiteten sogar ein paar 68er in der Redaktion der *Neuen Zürcher Zeitung*. Es sei ganz gut mit ihnen gegangen, sagt Fred Luchsinger, was damit zu tun haben mag, daß er in diesen Jahren, wie seine Kollegen sich ehrfürchtig erinnern, als Chefredakteur zu allen Redakteuren gelegentlich gleichermaßen cholerisch gewesen ist. Nachprüfbar ist, daß die 68er das Blatt nicht heimlich zu einem Zentralorgan der Alternativen gemacht haben.

Das alles ist aber nun auch schon wieder lange her. Wie es weitergeht, das sieht sich der alte Chefredakteur im wesentlichen von außen an, mit Befriedigung, was die Auflage angeht, mit einer gewissen Skepsis, weil ihm nicht gefällt, wie sich das Land (und auch seine Zeitung) einschließt im Isolationismus. Optimistisch ist er trotzdem, in Maßen, wenigstens was die Zukunft des Journalismus angeht, wie er ihn gemacht hat: »Dafür wird es immer ein Publikum geben, auch wenn es natürlich begrenzt ist.«

Sagt es, fährt mich zum Bahnhof und erzählt die Geschichte, wie einmal, während seiner Jahre im Züricher Exil, Solschenizyn unvermittelt in seinem Büro stand, ihn lobte wegen eines Leitartikels und dann aber noch eine Kritik loswerden mußte: Viel zu dick sei die *Neue Zürcher Zeitung*, das könne doch kein Mensch lesen. Luchsinger hat den Dichter dann gefragt, wie dick seiner Meinung nach eine Zeitung sein müsse, und die Antwort erhalten, sechs Seiten würden jederzeit reichen. Die Auskunft lag aber auch nahe: So dick war damals die *Prawda*.

Reinhard Mohn oder: Ein Tycoon westfälischer Spielart

Im Prinzip legt er keinen gesteigerten Wert auf öffentliche Auftritte, dennoch kann man ihn gelegentlich erleben bei einem solchen Auftritt; solche wird er sich noch lange zumuten. Da lädt er dann ein in die Stadthalle zu Gütersloh (die es ohne ihn so prunkvoll nicht gäbe), steht seltsam ungelenk am Pult und hält eine interessante, manchmal auch irritierende Rede: über die Tatsache zum Beispiel, daß das Fernsehen so gemacht werden müßte, daß es »gesellschaftlich verantwortbar« wäre. Den von ihm gestifteten Carl-Bertelsmann-Preis übergibt Reinhard Mohn dann an eine Fernsehstation in Australien und an eine in England – und einen ganzen Festakt hindurch schwebt, von niemandem artikuliert, die Frage im Raum, warum niemals jemand auf die Idee kommen würde, einen solchen Preis dem Fersehsender RTL zu überreichen, an welchem das Haus Bertelsmann, ohne das kein Carl-Bertelsmann-Preis finanziert werden könnte, mit 37 Prozent beteiligt ist.

Das Merkwürdige ist, daß der alte Herr, der vorn am Rednerpult eine stark moralisierende Ansprache hält, trotz solch höchst augenfälliger Ungereimtheiten durchaus glaubwürdig wirkt, vielleicht ein wenig im Gegensatz zu manchem der anwesenden Herren seines Konzerns, deren Gedanken man schon gern lesen würde, an einem solchen festlichen Abend zugunsten des Guten und Schönen. Früher, als tausendfach bewährte Etiketten noch ohne weiteres benutzt werden durften bei der Würdigung einer herausragenden Persönlichkeit, hätte man an dieser Stelle innegehalten und über Reinhard Mohn den mäßig originellen Satz notiert: »Ein Mensch in seinem Widerspruch«.

Das geht leider nicht mehr, und im übrigen wäre eine solche Bemerkung im Normalfall auch deshalb nicht weiter spannend, weil sich inzwischen herumgesprochen hat, daß auch in den Seelen von Herrn und Frau Hempel die Widersprüche nur so zu toben pflegen. Freilich besitzen die nicht den zweitgrößten (oder – je nach Rechnung – auch größten) Medienkonzern der Welt, den sie ziemlich allein im Laufe von nur vierzig Jahren geschmiedet, erfunden, zusammengekauft hätten – mit allen Konsequenzen, die eine solche Karriere für die Endverbraucher der Konzernprodukte hat. Wer also das Glück hat, eines Tages in seinem bescheidenen, wenn auch großen Arbeitszimmer zu Gütersloh dem bedeutenden, sehr selbstbewußten und gleichzeitig ganz uneitlen Reinhard Mohn gegenüberzusitzen, der wird auch im Gespräch mit ihm ziemlich schnell auf nicht nur einen ins Auge springenden Widerspruch zu sprechen kommen. Wissen möchte man schließlich schon gerne, wie manche Gegensätze zusammenpassen und was es bedeuten würde, wenn sie es in Wahrheit gar nicht täten. Und ob das dann exemplarisch wäre für den Zustand der Welt oder wenigstens der Medien, in denen sich diese Welt spiegelt.

Beginnen wir mit der seltsamen Frage, welchen Beruf Reinhard Mohn eigentlich ausübt. Ein paarmal schon hat er zu diesem Thema gesagt, er verstehe sich nicht als Verleger, genausogut hätte er mit seinen Talenten auch ein Textilunternehmen leiten können oder eine Autofabrik, wenn ihm der Vater so etwas hinterlassen hätte; er sagt es auch in unserem Gespräch gleich wieder, indem er den Unterschied hervorhebt zwischen sich und Axel Springer zum Beispiel oder »dem alten Burda, Bucerius oder Augstein«. Und vermutlich hat er ja auch recht: Zwar bringt Mohn unendlich viel mehr Gedrucktes auf die Märkte als die genannten vier Herren zusammen, zwar ist er nicht nur recht eigentlich der Vater so unterschiedlicher Kinder wie *Brigitte* und *Wochenpost* und *Gala*, so vieler Buchclubs, Buchverlage, Schallplattenfirmen in Europa, den beiden Amerikas und Australien, daß es mindestens in diesem westlichen Teil der Welt schon ein großer Zufall wäre, wenn ein Haushalt noch nie mit einem Produkt in Berührung gekommen wäre, das sein Entstehen dem Hause Bertelsmann verdankt. Dennoch hat der Gottvater dieses Universums aus mehr als 200 Firmen mit mehr als 45 000 Mitarbeitern verständlicherweise längst den Überblick darüber verloren, was seine Geschöpfe im Detail so treiben.

Es mußte ihm das sogar, unternehmensphilosophisch gesehen, immer egal sein, wenn er seine Manager nicht am selbständigen Arbeiten hindern wollte, das allein Gewinn bringt, wie er nie müde wurde zu betonen: Ob also einer der Bertelsmannschen Geschäftsbereiche, die gern von Zeit zu Zeit neu gegliedert werden, Konsaliks Trivialgeschichten produziert oder ein ambitioniertes neues Literaturlexikon, ob gerade die Autorengemeinschaft Hitler/Kujau tätig ist für den Konzern oder Henry Kissinger: Am Ende ist, wie in jedem der großen Verlagshäuser der Welt, alles irgendwie eins, auch deshalb, weil manche seiner Manager sich von ihrem obersten Chef durchaus einen gewissen Stolz darauf abgeschaut haben, daß sie genausogut Autos produzieren könnten wie etwa Literatur; entscheidend muß sein, »angemessene Erträge zu erwirtschaften«, wie es in der sogenannten »Unternehmenskonzeption« formuliert ist, die das Haus verschickt, wenn es sich verständlich machen will.

Sollte es sich machen lassen, dann soll darüber hinaus auch noch das Image stimmen, für das es zum Beispiel nützlich ist, den Siedler Verlag im Konzern zu haben, über dessen Arbeit sich Reinhard Mohn »herzlich freut«. Zu mehr hätte er auch in seiner aktiven Zeit als Vorstandsvorsitzender nicht die Muße gehabt, schon gar nicht zur Formulierung irgendeiner Art von Botschaft, die er womöglich mit Hilfe seiner Produkte verbreitet sehen wollte. Das Medium ist bekanntlich die Botschaft – eine Erkenntnis, bei welcher der Experte Marshall McLuhan seinerzeit niemand so sehr wie Reinhard Mohn im Auge gehabt haben kann: einen der weltweit erfolgreichsten Missionare, der aber sehr lange Zeit nicht viel mehr verkünden wollte als das Evangelium von der weltweit erfolgreichsten Art, Medien, nein: den Markt, überhaupt das

Zusammenleben der Menschen zu organisieren. Viele Jahre hindurch hat beinahe jede von Mohns Reden von den Geheimnissen modernen Managements gehandelt und davon, daß das Humane dabei im Mittelpunkt zu stehen habe. Im Mittelpunkt der Unternehmensführung, versteht sich, nicht unbedingt dessen, was das Unternehmen produziert. Das hätte sich auch anhand der Produkte nur schwer belegen lassen.

Nun gibt es ja viele gute Gründe, Reinhard Mohn genau dafür dankbar zu sein, da braucht man nur nach Italien zu sehen, wo ein Mediengewaltiger beschlossen hat, Politiker zu werden. Hätte Mohn eine Vision vom alleinseligmachenden Glauben, von der einzig möglichen Art, die Staaten zu regieren, und versuchte er, sie durchzusetzen mit Hilfe all der in seinem Namen und mit seinem Geld entstehenden Videofilme und Bestseller und Illustriertenserien: Die Welt hätte einen neuen Chefideologen mit Zugriff auf Propagandmittel, wie sie Goebbels und Stalin gemeinsam nicht zur Verfügung standen. Auf der anderen Seite muß der Mann, wenn er einem so gegenübersitzt in seinem karierten Sakko und seiner Begeisterung für das moderne, uneitle Management (das am Ende doch ein alleinseligmachender Glaube sein könnte), natürlich damit leben, daß sich ein Beschreiber vor allem für die Widersprüche seines Lebens interessiert. Die machen nun einmal jeden Menschen erst spannend.

Und solche Widersprüche gibt es zuhauf. Da ist einer zum Beispiel in der pietistischen Tradition einer westfälischen Familie aufgewachsen, die damals schon in der vierten Generation, erst unter dem Namen Bertelsmann, dann unter dem der eingeheirateten Mohns, den Tag einteilte in die Zeit für Andachten und in die für Tischgebete; also pflegt er, ganz logisch, »das kirchliche Schrifttum als Traditionsaufgabe« – ohne selber ein religiöser Mensch zu sein. Und hat er nicht früher des öfteren als Maxime bekanntgegeben, daß im Hause Bertelsmann mit der Spekulation auf Sex kein Geld gemacht werden dürfe? Wie verträgt sich damit aber, daß sein Haus, wie gesagt, ein wichtiger Anteilseigner bei jenem

Sender ist, der sich seinen Platz in der Gewinnzone der Privaten erst einmal mit der Ausstrahlung der banalsten Sexfilme erobert hat, die von den deutschen Gesetzgebern gerade noch geduldet werden?

Immer wieder reibt man sich verblüfft die Augen über eine Spannbreite, die ganz gewiß auch imponierend ist. Um den Weltbürger und Weltunternehmer Mohn so richtig zu würdigen, muß man sich unbedingt vor Augen führen, wie die Welt ausgesehen haben muß, in die er hineingeboren worden ist am 29. Juni 1921: Gütersloh war ein westfälisches Kaff, das Unternehmen – christliche Jugendschriften, Gemeindeschrifttum, pädagogische Lehrbücher – war eine Klitsche mit 85 Mitarbeitern, der Vater war wohl ein eher mittelmäßig inspirierter Unternehmer. Jedenfalls klingt es so, wenn Sohn Reinhard ihn als »einen sehr ordentlichen und bemühten Menschen« beschreibt, einen Mann, der es offenbar genau wie der Sohn nicht einfach hatte neben der strengen,rechtschaffenen, fordernden Mutter.

Es war, wie bei so vielen anderen Großen der Branche, der Krieg, der den Bruch im Leben des jungen Reinhard mit sich brachte, ihn brutal und folgenreich herausriß aus der westfälischen Idylle: Der Junge, der bis dahin sehr verstrickt war in die Enge der Provinz, unter ihr litt wie unter der Schule, der Jüngling, der vom Leben nicht viel mehr wußte als das, was ihm die bornierten Nazis in Schule und Freizeit eintrichterten, stellte plötzlich fest, daß es hinter tausend Spruchbändern und Parolen eine Welt gab, eine überaus faszinierende. Ausgerechnet hinter dem Stacheldraht stellte er das fest, hinter den der junge Leutnant gebracht worden war, nachdem ihn die Amerikaner als Mitglied des Afrikakorps in Tunesien gefangengenommen hatten. In einem Offizierslager in Kansas lernte er Englisch und auch ein paar Grundzüge des Managements; vor allem aber lernte er, endlich weg aus dem engen und über sich selbst so begeisterten Deutschland, was es mit der Demokratie auf sich hat, mit Toleranz, mit Menschenwürde. Am liebsten, hat er später gesagt, wäre er drüben geblieben, als alles vorbei war.

Eine Rede macht Geschichte: Reinhard Mohn erklärt 1947 im Soldatenmantel seinen Mitarbeitern, warum Bertelsmann eine Zukunft hat.

Allerdings wäre dann eine deutsche Erfolgsgeschichte nicht geschrieben worden, wie man sie sonst nur aus Amerika kennt: Junger Mann will eigentlich Ingenieur werden, geht dann aber doch in die elterliche Firma, weil ihn der Vater darum bittet, hält im Jahre 1947 im Soldatenmantel den dreihundert Angestellten, die das Familienunternehmen noch hat, eine mitreißende Rede, die er sich selbst nicht zugetraut hätte. Drei Jahre später hat er dann die revolutionäre Idee, die Königsidee, die sein Leben verändern wird und nicht nur seines: Reinhard Mohn erfindet den Bertelsmann-Lesering. Zehn Jahre nach der Gründung dieser Buchgemeinschaft hat sie 2,5 Millionen Mitglieder, im Jahre 1993 sind es 23 Millionen weltweit, die in den Buch- und Musikclubs des Konzerns organisiert sind; mit ihnen zusammen erzielt das Unternehmen einen Umsatz von 2,6 Milliarden. Schon Anfang der sechziger Jahre ist der Name Bertelsmann ein Begriff – und sei es nur deshalb, daß nur wenige Menschen in Deutschland noch nie von einem Bertelsmann-Werber an der Haustür oder auf der Straße behelligt worden waren. Und ein ständig zunehmender Prozentsatz hatte ganz einfach nicht mehr die Nerven, um nicht irgendwann im Verlauf eines dieser Gespräche einzuknicken und der Firma den Hauptvorschlagsband des Jahres abzunehmen.

Sehr klein hat alles angefangen, um ganz ganz groß zu ... nein: natürlich nicht zu enden. Wer erst einmal unter den Riesen der Größte ist, wer so unermeßlich viel Kapital anhäuft wie die Bertelsmänner, der kann eines Tages gar nicht mehr zusammenbrechen oder nur, wenn es die Welt mit ihm zusammen tut. Wie selbstverständlich ist Reinhard Mohn mitgewachsen mit seinem Konzern, ohne doch seine Biographie zu verleugnen: Er ist ein Leben lang ein Kleinstädter geblieben und geht ganz ungeniert davon aus, daß die große Welt wenn nötig eben zu ihm einfliegt über die Flughäfen in Dortmund oder Paderborn; er will kein Verleger sein und hält doch auf dem Weltkongreß der Verleger in Barcelona die große Rede über »die Aufgabe der Medien in der multikulturellen Gesellschaft«; im übrigen versammeln sich in seinem Haus gelegentlich die Großen des Landes, die Intellektuellen, die Unternehmer, die Politiker zu festlichen Abendessen, zu denen eingeladen zu werden eine Ehre ist. Veranstalterin solcher Abende ist allerdings seine zweite Frau Liz Mohn – er selber geht, wenn es sich irgendwie vermeiden läßt, gar nicht hin.

Es nimmt bei all diesen Widersprüchen schon gar nicht mehr wunder, daß ausgerechnet der erfolgreichste Unternehmer des Landes in Unternehmerkreisen wegen seiner fortschrittlichen Beteiligungspolitik lange Zeit als »roter Mohn« gehandelt worden ist. Auch so ein Paradox – oder vielleicht auch nicht: Der Mann haßt den Sozialismus (»am Menschen vorbei«), bringt es aber ohne weiteres fertig, einen Betriebsratsvorsitzenden wegen einiger zusätzlicher Millionen für die Rentner zum Firmenjubiläum zu Tränen zu rühren. (Das ist übrigens bestimmt nicht der Grund, warum

Eine Königsidee aus der Kleinstadt: Reinhard Mohn erfindet den Lesering und erobert die Welt. Das Photo zeigt Reinhard Mohn auf einem Motorroller der Zustellerorganisation »Circulo de Lectores«, des ersten Auslandsclubs, der 1962 in Spanien gegründet wurde und nach drei Jahren bereits 100 000 Mitglieder hatte.

er das Geld auswirft – der einzige Grund ist eine Unternehmensphilosophie, die sich Gewinn von Mitarbeitern verspricht, die sich mit der Firma identifizieren können, weil sie dort nämlich »menschengerecht behandelt« werden, wie er das gern formuliert.)

Ganz ohne Ironie: Ein guter Mensch ist so entstanden, einer, der viel zu gut und vor allem viel zu klug ist, um durch irgendwelche Festlegungen auf politische oder ideologische Positionen noch jemandem weh zu tun. Wenn sich Reinhard Mohn überhaupt eine Einschätzung von Politikern entreißen läßt, dann redet er am liebsten über solche, an deren Beispiel er ein wenig über sich selbst erzählen kann: Manfred Stolpe sei zum Beispiel so einer, der sich nicht einordnen lasse in eine Richtung, genauso sei er im Grunde selbst – jemand, der sich nicht einspannen läßt. Da spannt er lieber selber ein, verkehrt nicht gerade mit Schriftstellern, aber doch, gelegentlich und immer arbeitsbezogen, mit dem Gewerkschafter Rappe, mit Biedenkopf, mit Dohnanyi – und hofft, daß sich vieles ändern läßt, wenn nur die richtigen Leute mit den richtigen Leuten kommunizieren. (Freilich kommuniziert er nicht auf dem Umweg über die Medien, die besitzt er nur: In einer Talk-Show wird man Mohn nicht erleben können; einer wie er läßt talken.)

Wer nun die Frage stellen würde, wozu die ganze Kommunikation letztlich gut sein soll, würde von Reinhard Mohn vermutlich ziemlich verwundert angesehen werden. Das ist doch klar, erst einmal geht es um den Erfolg, daraus folgt alles andere von allein, vor allem lassen sich dann die Probleme lösen. Je länger man mit Mohn über sein Metier redet, je eindringlicher er über die Wichtigkeit von Personalkonzepten und die Aufgaben des Aufsichtsrates spricht, die in Deutschland immer zu gering geschätzt würden, desto deutlicher wird das eigentliche Geheimnis dieser westfälischen Spielart eines Tycoons: Wenn der Inhalt dessen, was da veröffentlicht wird, austauschbar und also nicht mehr so wichtig ist, dann kommt eben alles darauf an, ein Lebenswerk und damit auch die Welt mit Hilfe der Gewinne zu stabilisieren, die man mit Hilfe der austauschbaren Inhalte erzielt. Vor allem deshalb hat Reinhard Mohn die letzten Jahre hindurch auf nichts so viel Wert gelegt wie auf die präzise Planung der Kontinuität seines Konzerns; weshalb er schon heute genau weiß, wer – nämlich der jetzige Vorstandsvorsitzende Mark Wössner – im Jahre 2005 Aufsichtsratsvorsitzender des Unternehmes sein wird. Zusätzlich weiß er, daß die Zeit der großen Eigentümerpersönlichkeiten zu Ende ist, wenn Leute wie er erst einmal abgetreten sein werden.

Vermutlich wäre es, wenn man selbst am Lesen von Büchern nur mäßig interessiert ist, zuviel verlangt, ausgerechnet von Büchern, Zeitschriften und Fernsehprogrammen zu verlangen, sie sollten die Welt verbessern: Das denkt Mohn vermutlich nicht einmal von seinen eigenen Büchern und Broschüren, die er in seiner sperrig-hauptwortlastigen Sprache auf den Markt wirft und die von »Erfolg durch Partnerschaft« handeln oder von »Neuen Lösungen für die Beziehungen des Unternehmens zu seinen Angestellten«. Reinhard Mohn ist kein Träumer – und wenn er doch träumt, dann eben davon, daß das große Geld, das er verdient hat, auf lange Sicht (und natürlich steuersparend) dem Gemeinwesen zugute kommt, auf dessen Boden es so wunderbar gedeihen konnte. Und wirklich gibt es ja sehr viel unsinnigere Arten, mit einem gewaltigen Vermögen umzugehen, als jene, die sich dieser Unternehmer ausgedacht hat: ein Unternehmer, der all die Jahre über hart und effizient gearbeitet hat, den man noch nie auf einer Luxusjacht sehen konnte und der sich bei unserem Interview über nichts so sehr freut wie über die Tatsache, daß sein Sohn Johannes – der für den Konzern im Schallplattengeschäft arbeitet – »noch nie eine Mark beansprucht hat aus dem Vermögen, wenn ich ihm mal mit einem Auto oder einer Wohnung aushelfen wollte«. »Diese Einstellung«, sagt Mohn und strahlt beinahe, »hat sich in unserer Familie in verblüffender Weise über 150 Jahre erhalten.«

So soll das auch weiterhin sein: Johannes und die anderen fünf Kinder aus zwei Ehen sollen zwar, wenn sie wollen, durchaus die Chance haben, nach oben zu kommen, aber gehören soll ihnen das Unternehmen nicht, das hat Reinhard Mohn den leitenden Mitarbeitern zugesagt, als er ihnen eines Tages bei einer Versammlung in der Kantine sein Testament erläutert hat. Gehören soll es im wesentlichen der Bertelsmann-Stiftung, mit deren Hilfe der menschlichen Gesellschaft jene Vernunft zugeführt werden soll, an deren Kraft der Unternehmer Mohn auch im achten seiner Lebensjahrzehnte geradezu unbeirrbar glaubt.

Und für die er mit einer Hingabe arbeitet, die man durchaus bewundernswert wird nennen dürfen. Reinhard Mohn hat eine Fülle von Themen für sich entdeckt: die Effizienz in der öffentlichen Verwaltung, die Entwicklung des Hochschulsystems, die europäische Integration – lauter Dinge, von denen er denkt, es sei überlebensnotwendig, sie vernünftig zu regeln. Und nun sucht er mit großem Aufwand und gelegentlich mit frappierenden Ergebnissen in der ganzen Welt nach Modellen, wie sich alles besser, nutzbringender organisieren ließe. Er sucht sie mit einem unerschütterlichen Optimismus, den man auch schon wieder einen Glauben nennen könnte angesichts des realen Zustands der Welt: Es gebe kein Problem, pflegt er den Pessimisten zu sagen, das nicht irgendwo schon mal gelöst worden sei. »Man muß nur herausbekommen, wo.«

Im Jahre 1994, wie gesagt, hat er sich dafür interessiert, wie man zu besseren Fernsehprogrammen kommen könnte, ganz offenbar auch deshalb, weil er wirklich an manchen Programmen leidet, die auch mit seinem Geld in Deutschland entstehen. Die Frage, warum er dort nicht einfach eingreift oder eingreifen läßt, muß man ihm gar nicht erst stellen: Er sei nun mal kein Verleger, würde er sagen. Und nicht verstehen, wenn man ihm antworten würde, womöglich sei genau diese richtige Beschreibung in gewisser Hinsicht das Problem.

Henri Nannen oder: Die Liebe zu Kraut und Apfelsinen

»Ich bin innerlich ganz weit weg vom *Stern*«, sagt der alte Mann einmal mitten im Gespräch – und das ist dann, auch wenn ihn Henri Nannen eher beiläufig hinsagt, nach einem tiefen Schluck Pimm's, ein ziemlich ungeheuerlicher Satz, weshalb wir ihn erst einmal überhaupt nicht zur Kenntnis nehmen sollten: Mit demselben Recht (und derselben Glaubwürdigkeit) könnte der Papst behaupten, er sei innerlich ganz weit weg von der Kirche, oder Herr Genscher, er interessiere sich nicht mehr für Außenpolitik.

Der *Stern*, nicht wahr, war Henri Nannens Erfindung, er war sein Leben – und gute dreißig Jahre lang war das Blatt mehr oder weniger identisch mit dem hochgewachsenen, erst dunkel-, dann silberhaarigen Mann, dem »Operettentenor«, wie ihn der Kollege Hans Habe einmal wütend genannt hat. (Der sah nun wieder selber mehr wie ein Zigeunerprimas aus, was fast schon das Netteste ist, was man über ihn sagen kann.)

Übrigens hat so ein Satz über innerliche Distanzen gewiß auch sehr viel Kokettes – schließlich kann einer sein Journalistenleben nicht so einfach vergessen, nur weil er jetzt eine Kunsthalle managt in Emden/Ostfriesland und also irgendwie was Feineres. Wie er so dasitzt an einem grauen Novembernachmittag in der Halle des Hamburger Hotels »Vierjahreszeiten«, braucht man ihn nur anzustupsen – schon erzittert die Luft vor lauter Erinnerungen aus der alten Zeit, in der begnadete Journalisten nur ein bißchen Glück brauchten (und den nassen Finger in der richtigen Luft), um Zeitungsgeschichte zu schreiben und Zeitgeschichte. Und so flapsig-witzig, wie die Erinnerungen eines alten Schwerenöters an seine stürmischen Jahre, klingen dann auch die dazu-

Schon auf dem ersten Nachkriegspresseball das gleiche Mädchen hofiert: Rudolf Augstein und Henri Nannen haben sehr früh miteinander im Wettbewerb gelegen. Das Photo zeigt Augstein und Nannen beim FDP-Parteitag 1965 in Frankfurt.

gehörigen Anekdoten, die gerne in Hannover spielen, gleich nach dem Krieg: Wie Augstein und Nannen auf dem ersten Nachkriegspresseball ein Mädchen namens Barbara charmierten und ihr einen Job beim Presseoffizier verschafften; wie Nannen später mit Barbaras Hilfe diesem Wing Commander Baker die Idee plausibel redete, man müsse eine Illustrierte machen; wie er dem Manne ausredete, die müsse »Zickzack« heißen, so wie die Jugendzeitschrift, die er vorher gemacht hatte: »Schauen Sie runter auf den Vorplatz«, habe er zu dem Commander gesagt, »schauen Sie auf all die zerlumpten, verwahrlosten, verzweifelten Menschen.« Ob der Commander wüßte, was die brauchten, habe er noch gefragt. Einen Stern der Hoffnung bräuchten sie, habe er die Frage selbst beantwortet – womit auch der Name der hoffnungspendenden Illustrierten geboren gewesen sei, die am 1.

August 1948 das Licht der Welt erblickte. Der Name sei übrigens prächtig geeignet gewesen auch zur Verkäuflichkeit am Kiosk: »Einsilbig, deklinierbar, positiv besetzt.«

Erinnerungen mit Hilfe des Langzeitgedächtnisses, das funktioniert ohnehin besser im Alter, sagt Nannen: An die Hitlertagebuchaffäre erinnere er sich eher schemenhaft, aber wie sich das Mädchen angefühlt habe, das er vor 63 Jahren in den Händen hielt, das wisse er noch genau. Wie er sich selbst gefühlt haben muß in seiner Jugend, kann man immerhin ahnen: wie sich ein gutaussehender Junge eben fühlt, der aus kleinem Haus stammt und mit großem Ehrgeiz begabt ist und gar nicht zur Schwermut neigt. Henri neigte zum gesellschaftlichen Aufstieg. Der Großvater war Arbeiter gewesen im ostfriesischen Emden, der Vater erst Heizer, dann Polizist, war aber von den Nazis ohne Pension entlassen worden. Überraschend ist es schon, wenn jemand aus einer solchen Familie als 21jähriger – das war im Jahre 1934 – Kunstgeschichte studiert an der Universität München, kurz darauf als Reporter auftaucht beim Reichssender München, noch vor Kriegsbeginn Redakteur ist, Schriftleiter genaugenommen bei der Zeitschrift »Die Kunst« des Bruckmann-Verlages. Logisch war es aber auch: Henri Nannen aus Emden hatte zeit seines Lebens zwei große Leidenschaften – die Kunst und den Journalismus. Was ist naheliegender, als daß schon der 25jährige die beiden Lieben aufs schönste miteinander verbindet?

Als großen Widerstandskämpfer gegen den Faschismus müssen wir uns den jungen Nannen nicht vorstellen, das waren Vorwärtskommer selten. Dieser hier hatte, nach einem kleinen Rencontre mit der Staatsgewalt, offenbar das dringende Bedürfnis, nun nicht mehr weiter unangenehm aufzufallen: Diesem Bedürfnis entsprossen ein paar journalistische Huldigungen an den Führer (»aus unserer innersten Mitte gleichsam als Verdichtung unseres Volkes wunderbar heraufgestiegen«), die schon für sich gesehen ziemlich peinlich sind und es noch ein wenig mehr werden, wenn man sich an die strengen Abmahnungen erinnert, die später vom

Stern gegen alte Nazis verhängt worden sind. Der Krieg hat ihn dann davor gerettet, eine Kunstrichtung weiterhin als »die Kunst des vom Führer erneuerten Deutschland« preisen zu müssen. Auch aus der schauspielerischen Karriere, in welcher den schönen jungen Deutschen die Regisseurin Leni Riefenstahl gern gesehen hätte, wurde nichts: Henri Nannen wurde eingezogen, am Schluß des Krieges war er Leutnant bei der Luftwaffe. Und bestens gerüstet für Barbara und den eigenen Lebenskampf.

Es begannen die guten alten Zeiten, die in Wahrheit gar nicht gut waren, das versteht sich von selbst: Weder waren es die Zeiten noch allzuhäufig die Menschen, die in diesen Zeiten Geschäfte machten, zum Beispiel mit der Hilfe von Gedrucktem. Auch die Geschichte des *Sterns*, wenn man sie auf die geschäftliche Seite reduzieren möchte, wäre eine nimmer endende Story aus dem Genre Kabale & Intrige, wie das eben so ist, wenn Geschäftsleute ausgerechnet mit einer Zeitschrift viel Geld anhäufen wollen und gleich auch noch Macht und Sozialprestige – während sie doch gleichzeitig der festen Überzeugung sind, die Journalisten, die sie für diese Zwecke leider benötigen, seien irgendwo zwischen Feuerschluckern und minderbegabten Kleinkriminellen anzusiedeln. Natürlich haben die Geschäftsleute Henri Nannen damals genauso zu behandeln versucht, als erster der Mitverleger Schmitt-Simoni, der, sagt Nannen, »mich ungeheuer reingelegt hat, weil der *Stern* ja keinen eigenen Verlag hatte, keine eigenen Anzeigen, keinen Vertrieb: Da machten die mit mir, was sie wollten.«

Was sie dummerweise nicht machen konnten, war der *Stern* – eine Tatsache, die nun wieder gut war für den Feuerschlucker: Einmal, im Jahre 1951, in den stürmischen Anfangsjahren, wurde das besonders klar. Am gleichen Tag, an dem sich die Verleger vom Verleger-Kollegen Nannen trennten, weil der beim Erwerb der Anteile nicht mitbieten konnte, fragte jemand, wer denn jetzt den Chefredakteur mache; daraufhin hat Bucerius (der sich maßgeblich beteiligt hatte an der geschäftlichen Ausbootung des Nannen) gesagt,

»natürlich der Nannen« müsse das sein, was für den wiederum die große journalistische Chance war: »Aber dann brauche ich einen unkündbaren Vertrag.« In dem Vertrag stand, daß über den ganzen *Stern* – Erscheinungsbild, Inhalt, Redaktion – allein der Chefredakteur zu entscheiden habe; von diesem Tage an, sagt Nannen über Gerd Bucerius, habe er »den besten Verleger gehabt, den man sich vorstellen kann«.

So was muß man an dieser Stelle vielleicht erwähnen, weil die besten Verleger rar werden und auch die Chefredakteure mit jener journalistischen Freiheit, in der allein Zeitungen gedeihen; ansonsten braucht man auch diesen Satz gewiß nicht so ganz wörtlich zu nehmen. Kräche und Kämpfe hat es auch später noch genug zwischen Nannen und Bucerius gegeben, bis hin zu Kündigungen (Nannen: »...dann gehe ich«, Bucerius: »Die Kündigung ist angenommen!«), und sie sind nicht weniger geworden, als das Verlagshaus Gruner und Jahr eines Tages zu einem beträchtlichen Teil den Herren von Bertelsmann gehörte; die konnten – evangelisch, konservativ – mit der Wundertüte des Blattmachers Nannen eigentlich nur insofern wirklich etwas anfangen, als daraus in regelmäßigen Abständen auch die fettesten Dividenden geschüttelt wurden. Ansonsten genierten sie sich immer mal wieder für die linken und auch sonst unanständigen Konfetti in der Tüte – oder dachten, sie müßten dringend eingreifen, wenn wieder einmal eine Personalentscheidung anstand, für die sie sich bei einem festlichen Abendessen in Gütersloh vor hochrangigen Persönlichkeiten aus befreundeten Vorständen entschuldigen mußten.

Manche Affären rund um den *Stern* gehören zum festen Bestand der bundesdeutschen Nachkriegspressegeschichte und werden vermutlich noch den nächsten Generationen überliefert: Ohne Wunden ging da auch Henri Nannen nicht immer hervor. Am nachhaltigsten beschäftigt hat es ihn wohl, als die Manager in Gütersloh im Jahre 1978 Nannens damaligen Liebling und Kronprinzen Manfred Bissinger wegen einer mäßig geglückten Geschichte über die Reichen in Deutschland aus dem *Stern* werfen zu müssen glaubten; noch heute, wenn Nannen von der Affäre erzählt und darauf besteht, daß die Trennung »ausschließlich meine Entscheidung war«, noch heute meint man zu spüren, wie sehr Nannen diese Auseinandersetzung aufgeregt hat und wie sehr er immer noch glaubt, sich dafür rechtfertigen zu müssen: Es sei damals so gewesen, sagt er (und er erzählt diese Geschichte oft), wie bei seinem Porsche, dem er jahrelang die schlimmsten Fehler verziehen habe, »bis eines Tages nur der Scheibenwischer nicht mehr ging«; da habe er bei seinem Händler angerufen und mit leiser Stimme gefragt, ob der bitte die Freundlichkeit haben würde, »den Wagen aus meiner Garage zu entfernen«. Mit ähnlicher Konsequenz wurde dann also der schnelle Flitzer Bissinger aus der Garage entfernt, mit dem kleinen Unterschied nur, daß Nannen über seinen Porsche ganz alleine entscheiden konnte, über seinen Kronprinzen aber nicht: Weshalb wir ihm seine Rechtfertigung auch nicht völlig glauben müssen.

Von solchen Fällen abgesehen war Henri Nannen gewiß der deutsche Journalist der Nachkriegszeit, der – ohne gleichzeitig Verleger zu sein – am meisten Macht hatte in einem und über einen einzelnen wichtigen Titel und der das Image dieses Titels am nachhaltigsten prägte durch seine bloße Anwesenheit. Tat das dem *Stern* gut? Es tat ihm viele Jahre sehr gut – und machte ihn auf jeden Fall zu einer hochinteressanten und sehr einflußreichen Zeitschrift. Wahrscheinlich braucht es den Abstand der Jahre, in denen der Mann nun nicht mehr in der Redaktion sitzt und seine unvergleichlichen (weil so gar nicht stilistisch hochgemotzten) Briefe an die lieben Leser schreibt, um zu verstehen, was da inzwischen verlorengegangen ist, vielleicht verlorengehen mußte.

Nicht, daß die alten Bände, wenn man heute in ihnen blättert, ausschließlich die herrlichen Fundgruben des ganz großen, immer geglückten Journalismus wären – davon kann überhaupt keine Rede sein. Was die erwähnte Wundertüte anging, so war ihre Grundidee ja immer einigermaßen problematisch: Die Grundidee nämlich war und ist noch immer, daß im Leben irgendwie alles gleich wichtig ist, weshalb bis heute im *Stern* hintereinander in bunten Bildern erst die nackte Haut der Exhibitionistin Madonna und dann die nackte Haut von gefolterten bosnischen Gefangenen zu sehen ist. Der Leser ist für beides dankbar, vor allem dafür, daß er seine erotischen Bedürfnisse in einer politisch korrekten Umgebung befriedigen darf.

Dieses Prinzip des Kraut-und-Apfelsinen-Journalismus hat Nannen für Deutschland erfunden, durchgesetzt und verkörpert – und trotzdem springt dem Betrachter, wenn er den Nannen-*Stern* und den heutigen vergleicht, der entscheidende Unterschied zum Illustrierten-Journalismus von heute ins Auge: Der Unterschied aber ist, daß in den alten Zeiten jemand am Werke war, der von keinerlei Zweifel am Sinn des Ganzen angekränkelt war, weil es für ihn nämlich ein einziges Kriterium gab. Es kam dem Chefredakteur Nannen allein darauf an, daß ihm das Blatt gefiel, das da unter seiner Verantwortung einmal in der Woche in den Kiosken lag. Nannen machte den *Stern*, ohne einmal jährlich aus einer sündhaft teuren Marketing-Analyse alles über seinen typischen Leser zu erfahren und daraus sofort wieder ein neues Konzept zu basteln mit mehr männlichen, mehr weiblichen, viel härteren, aber auch irgendwie nachdenklicheren Geschichten.

Das ist das Spannende, wenn man jetzt Henri Nannen gegenübersitzt (und wenn man zufällig für kurze Zeit einmal als einer seiner vielen Nachfolger aus nächster Nähe miterlebt hat, wie schwierig es ist, ein solches Erbe durch die schwieriger werdenden Zeiten zu schaukeln): Blattmacher seiner Generation durften noch Journalisten sein – und nicht in erster Linie Fachleute aus der Abteilung Marketing, mit genauen Vorstellungen darüber, mit welchen Themen man sich in welcher Marktlücke positionieren, dem *Spiegel* eins auswischen und dem Leser die nächste Preiserhöhung schmackhaft machen könnte. Vielleicht geht das ja schon gar nicht mehr, vielleicht ist der Kampf um Marktanteile und

Segmente schon viel zu sehr auch der wichtigste Teil des Jobs von Zeitschriftenredakteuren geworden.

Das Ergebnis ist eben nur, daß der Kunde inzwischen ganz automatisch an »Public Relations« denkt und an »Corporate identity«, wenn ein Fernsehsender zusammen mit der großen Illustrierten zur Spendenaktion für Rußland auffordert. Nannen – der diese Art von Hilfsaktionen im deutschen Journalismus erfunden hat – sagt, bei ihm sei das im Jahre 1973 so gewesen: Er habe diese schrecklichen Bilder aus Äthiopien gesehen, habe einige Nächte nicht mehr schlafen können – und dann sei er drei Wochen lang nicht mehr aus den Socken gekommen, weil er mehr als 3000 Bettelbriefe habe schreiben müssen an all die Vorstandsvorsitzenden, die er als Bundesgenossen brauchte, und weil er zum Verteidigungsminister fahren mußte wegen der Transportmaschinen für die Bundeswehr... Und so weiter.

Seltsam ist das schon, wenn man sich diese Geschichten anhört und Henri Nannen keineswegs für einen Heiligen hält. Der Mann ist ausgebufft, hat – er würde sagen: aus Selbstschutz, weil er im Grunde ganz scheu sei – bei der Ausgabe der Überlebensration an Arroganz mit Sicherheit dreimal zugegriffen, hat sich dreißig Jahre lang genug lustig gemacht über echte Anliegen und schwere Betroffenheiten: Das hinderte ihn nie, sofort deren wichtigster Vorkämpfer zu werden, wenn er das Gefühl hatte, daß seine Leser so ein echtes Anliegen hatten (oder gerne eines inszeniert bekämen). Wie kommt es nur, daß man dem alten Mann trotzdem glaubt, wenn er sagt, er sei nie in seinem Leben so stolz gewesen wie damals, als er in zwei Monaten 21 Millionen gesammelt hat für die Hungernden in Afrika, und daß er es deshalb getan habe, »weil man nicht mehr leben kann, wenn man solche Bilder gesehen hat«?

Es kommt vielleicht auch daher, daß man ihm gerne glauben möchte, weil inzwischen der Zynismus zur Berufsausstattung für die Erfolgstypen im Mega-Business Medien geworden ist. (Das freilich hat wiederum dazu geführt, daß man im Prinzip immer weniger geneigt ist, noch jemandem etwas zu glauben, mindestens in diesem Geschäft.)

Natürlich ist das zunehmend auch das Problem des *Sterns* geworden, vor allem seit jenem furchtbaren Schlag des Schicksals, das ja nicht blind gerade gegen dieses Blatt vorgegangen ist, und gewiß auch nicht ohne Mitwirkung des großen Meisters Nannen. Als im April 1983 die Affäre des freien *Stern*-Mitarbeiters A. Hitler begann, als zum ersten Mal ein paar Redakteure und Verlagskaufleute mit wichtigen Gesichtern durch die Flure am Affenfelsen eilten, weil demnächst der ganz große Coup gelingen werde, da hat auch den Henri Nannen sein berühmter Instinkt verlassen. Irgendwie hatte er zwar das Gefühl, man könne die Tagebücher des Führers nicht einfach so drucken, »nicht ohne Einordnung in den Kontext jedenfalls«, wie er heute sagt; aber sonderlich gekämpft hat er für diese seine Meinung nicht, zumal er sich sicher war, das alles werde schon seine Richtigkeit haben, das sei dem Hitler schon zuzutrauen gewesen. Immerhin, sagt er, habe ihm, dem Henri Nannen, der Rupp von Neudeck, einer der Hitler-Boys aus den letzten Tagen des Weltkriegs, persönlich gesagt, der oberste Kriegsherr habe ihm »mit völlig sicherer Hand über das Haar gestreichelt und das EK I angeheftet«. Ja dann. So seriös ist der Journalismus gelegentlich – gerade auch dann, wenn ihn seine hervorragendsten Repräsentanten praktizieren. Versöhnlich stimmt da eigentlich nur, daß die Repräsentanten das auch wissen, weshalb Henri Nannen gegen Ende seines Lebens sich auch keine Mühe mehr gibt, sich schön zu reden. »Ich habe damals«, sagt er schlicht, »journalistisch und politisch versagt.«

Vielleicht ist es ja einfach so, daß das deutsche Pressewesen im ganzen ziemlich genauso gut oder genauso mies ist wie der Rest der Gesellschaft, der es den Spiegel vorhält – und daß man das am Beispiel von Henri Nannen gut zeigen kann. In seinen besten Momenten hat das Land den Ausgleich mit den Nachbarn im Osten hinbekommen – und Nannen, neben dem knienden Willy Brandt im Warschauer Ghetto stehend, hatte einen nicht geringen Anteil daran, daß die Deutschen das alles verstanden haben. In den weniger guten Momenten hat Nannen nichts dabei gefunden, gna-

Innerlich schon ganz weit weg vom Stern: Henri Nannen nach dem Tagebuch-Skandal zwischen zweien seiner vielen Nachfolger, Peter Scholl-Latour und Johannes Gross.

denlos auf Politiker loszugehen, von denen er dachte, seine Leser würden sich über deren Hinrichtung gerade ein wenig freuen, über die des armen Heinrich Lübke zum Beispiel, den der *Stern* als KZ-Architekten porträtierte. Sehr häufig geht es den deutschen Zeitungsmachern – genau wie ihren Lesern – natürlich vor allem darum, möglichst viel Geld zu verdienen; weshalb dann etwa, da ist sie dann manchmal kaum auszuhalten, die Illustrierte *Stern* so tun muß, als geißele sie einen gesellschaftlichen Mißstand – während sie in Wahrheit die neue Serie über Kinderpornographie genau in dem Moment ins Blatt hebt, in dem eine Preiserhöhung die Auflage gefährden könnte.

Im ständigen Widerstreit zwischen Moral und Geschäft wird das Klima im Land nicht besser – und in der *Stern*-Redaktion wird es das sowieso nicht, die man in Sachen Klimaforschung nur einmal im Jahr zu besuchen braucht, weil einem die Auskunft, so furchtbar wie jetzt sei der Umgang der Kollegen untereinander noch nie gewesen, von vielen früheren Besuchen schon irgendwie bekannt vorkommt. Das hängt ein wenig mit dem Druck zusammen, mit immer den gleichen Stoffen Auflage machen zu müssen, vor allem aber damit, daß man in einem bestimmten Typus von Zeitschrift nur reüssiert, wenn man an den Ellbogen ein paar kleine Rasierklingen befestigt hat. Wer sie nicht hat, kommt eher mühsam mit seinen Stories ins Blatt, auch deshalb, weil reiche Verlage sich einen Spaß daraus machen, die besten Schreiber des Landes zusammenzukaufen, für die sie dann leider wenig Verwendung haben, wenn sie erst an Bord sind.

Henri Nannen hat das auch immer so gehalten – und vermutlich in seinen mächtigsten Jahren wenig Gedanken darauf verschwendet, daß der *Stern* eine ganze Riege hochbegabter Autoren auf solche Weise in den Alkoholismus, in die Arme des Baghwan oder in den Zynismus getrieben hat, zu dem Journalisten von Berufs wegen ohnehin neigen, noch mehr als Ärzte oder Anwälte. Was nichts daran änderte, daß damals, in den sechziger Jahren und einige Zeit danach, das Blatt von seinen Lesern geliebt wurde – vielleicht, weil es genauso war wie sie selbst.

Heute ist der *Stern* noch immer für gute, manchmal glänzende Geschichten gut, welche die Leute beim Friseur lesen oder im Flugzeug oder wenn sie grade mal Zeit haben zwischen langweiligen Fernsehsendungen. Daß er geliebt würde, kann man ihm wohl weniger nachsagen.

Henri Nannen übrigens hat für diese Entwicklung eine interessante Erklärung, die, wenn sie zutrifft, weiß Gott nicht nur für den *Stern* paßt: »Das Blatt«, sagt er, »wird ohne Liebe gemacht.«

Ohne Nannens Liebe muß es sowieso auskommen. Insoweit teilt der *Stern* das Schicksal so vieler großer Projekte, von denen ihr Erfinder, wenn er nicht mehr dabei ist, insgeheim vielleicht am glücklichsten wäre, wenn es sie gar nicht mehr gäbe. Jedenfalls wäre das eine Erklärung für die Bemerkung, daß Henri Nannen innerlich so weit weg ist vom *Stern.*

Günther Prinz oder:
Glücksgefühle, Weinkrämpfe

Ob er deshalb hier oben residiert, damit man ihn möglichst nichts fragen kann? Fünf steile Stockwerke muß man in dem schönen Haus an den Hamburger Alsterarkaden emporklettern, und wenn der Besucher dann endlich angekommen ist, ringt er dermaßen nach Luft, daß es der Aufforderung des freundlich grinsenden Gastgebers gar nicht erst bedarf: »Sagen Sie jetzt gar nichts.« Man würde ja gern, wenn man nur könnte.

Später wird das dann besser, später – und ziemlich bald eigentlich – stellt sich heraus, daß man mit Günther Prinz gut reden kann: Ein uneitel diskutierender Mann ist das, ein lebhafter Gesprächspartner, der mit seiner weißen Haarpracht übrigens sehr gut aussieht, viel besser als auf den alten Fotos, die ihn zum Beispiel im Gespräch mit Axel Springer zeigen – da war er noch ein wenig zu schlank, zu kurzgeschoren, zu professionell den Blattmacher gebend. Das ist vorbei, in vieler Hinsicht: Inzwischen ist Günther Prinz pensioniert, inzwischen muß er auch nicht mehr so tun, als nehme er alles ganz ernst, was er auf dem Höhepunkt seiner Karriere gemacht hat. Und auch nicht, als fände er alles in Ordnung. Daß es das manchmal nicht war, hat er schon einmal selber gesagt: Im September 1994 hat er dem *Stern* ein bemerkenswertes Interview über seine Jahre als Chefredakteur von *Bild* gegeben, hat erstaunlich offen über ein paar Geschichten und Schlagzeilen geredet, die er damals verantwortet hat (»In der Sekunde, wo ich sie gemacht habe, fand ich sie absolut top«), die er aber heute bereue. Dann hat er noch einen interessanten Satz gesagt, der vielleicht unter das alles eine Art Schlußstrich setzen sollte: »Sie können keine Bild-Redaktion mit 700 Leuten führen und ein lieber Mensch sein.«

Als Schlußstrich war der Satz aber natürlich nicht geeignet, im Gegenteil provoziert er schließlich schon wieder neue Fragen. Eine davon wäre zum Beispiel, warum denn jemand mit seinen Talenten und Einsichten überhaupt eine Bild-Redaktion führen mag. Oder die, ob es eine Untergrenze des Nichtliebseins gibt, unter die auch Günther Prinz nicht würde gehen wollen. Und welchen Preis man dafür bezahlen muß, wenn man sich über diese Grenze gelegentlich nicht ganz im klaren ist...

Günther Prinz ist für solche Fragen deshalb der geeignete Adressat, weil er alles andere als eine Krawalltype ist oder einer jener journalistischen Gernegroße, die bei einem Treff mit minderbezahlten Kollegen von der »seriösen« Tagespresse als erstes die teuerste Flasche Wein ordern müssen (»Luigi, geh mal ganz tief in den Keller«), um zu beweisen, daß sie – trotz *Bild* sozusagen – zur allerobersten Gesellschaftsschicht gehören. Prinz stammt nämlich schon aus diesen Kreisen, mindestens aus großbürgerlichen, und er ist in all seinen Eigenschaften ohne seine Herkunft überhaupt nicht erklärbar.

Die Familie Prinz hat im schlesischen Ober-Weistritz zwei Papierfabriken besessen – die freilich im Jahre 1933, mitten in der Depression, verkauft werden mußten. Günthers Vater war Jude und starb exakt an dem Tag, an dem er mit ansehen und anhören mußte, daß seine Arbeiter einen Fackelzug veranstalteten und das Lied vom Judenblut grölten, das vom Messer spritzen müsse. »Er ging ins Bett«, erzählt der Sohn, »nachts um zwei Uhr war er tot, Herzschlag.« Günther Joachim Prinz, Jahrgang 1929, war damals noch keine vier Jahre alt.

Die Familie zog um nach Berlin und scheint nach der familiären Katastrophe wenigstens materiell anfangs einigermaßen über die Runden gekommen zu sein; davon abgesehen, war der Junge natürlich ein Außenseiter: sah zwar aus wie ein Vorzeigearier (»groß, blond, blauäugig«), war aber Halbjude. So einer durfte nicht Abitur machen an einem arischen Gymnasium, so einer mußte von der Schule. Weil er auch von der Straße mußte, wie er das nennt, wurde der 14jährige in einem Fotogeschäft an der Tauentzienstraße untergebracht, wo er das Fotografieren lernte und auch das Gespür für die Zeichen der Zeit. Als sich Ende 1944 immer mehr SS-Größen in das Geschäft schlichen, die neue Bilder brauchten für neue Pässe, war dem jungen Prinz klar, daß sich der Wind gedreht hatte.

Nach dem Krieg hat er dann in Berlin sein Abitur gemacht, weil aber für ein Studium kein Geld mehr da war, mußte er sich schnell einen Job suchen: Was er konnte, war fotografieren, und weil er außerdem sehr viel gelesen hatte in den ersten Nachkriegsjahren im Amerikahaus (»Emigrantenliteratur – Zweig, Döblin, Josef Roth«) lag es irgendwie nahe, Journalist zu werden. Er landete, ein Bruder war schon dort, erst einmal beim *Tagesspiegel*, wo er mit einer Meldung über die Grüne Woche debütierte. Daß er gut schreiben konnte, merkte er schnell, und es wurde ihm auch gelegentlich gesagt.

So beginnen fast alle Journalistenkarrieren – wie sie weitergehen, hat viel mit Zufall zu tun, wenn man an Zufälle glaubt. Bei Günther Prinz wollte der Zufall (oder wollte ein innerer Antrieb), daß er zur Berliner *BZ* ging, einem Boulevardblatt, das die Ullsteins gerade wieder zurückbekommen hatten. Der begabte junge Mann wurde erst einmal Polizeireporter, vermutlich deshalb, weil er nicht nur gut schreiben konnte, sondern auch nicht sehr zimperlich veranlagt war. Prinz (»Damals habe ich ein richtiges Mädchengesicht gehabt«) erinnert sich zwar noch daran, daß er anfangs durchaus größere Probleme hatte, wenn er an Türen klingeln und Mütter um Fotos ihres gerade ermordeten Kindes bitten mußte. Andererseits kriegt man auch bei so etwas Routine, die sich schnell bezahlt macht, wenn man hierarchisch ein wenig nach oben kommt. Ziemlich bald war Prinz ein rastloser Lokalredakteur bei der *BZ*, der, wie ein Volontär von damals sich genau erinnert, hoffnungslos unterfordert gewesen sei, weshalb er die Zeit fand, eben jenen Volontär achtmal eine einzige Achtzeilenmeldung über die Aufstellung

Als Lokalredakteur bei der BZ noch hoffnungslos unterfordert: Günther Prinz im Jahre 1954 neben einem älteren Staatsmann.

eines Skattisches schreiben zu lassen, bis sie dem Redakteur gefiel. Außerdem war Prinz jemand, der aus eigener Praxis sehr genau wußte, was er davon zu halten hatte, wenn ein junger Reporter von einem Termin zurückkam und behauptete, bei dieser oder jener Recherche sei leider nichts herauszubringen gewesen.

Im nächsten Abschnitt, das ist im Jahre 1957, sehen wir Günther Prinz in München, bei der Illustrierten *Quick*, wo man – genauer: wo ein gewisser Johannes Mario Simmel – auf den Berliner Schreiber aufmerksam geworden war. Der hatte beispielsweise besonders gut lesbar und mit bundesweiten Nachdrucken von einem sensationellen Giftmordprozeß berichtet oder auch eine glänzende Reportage geschrieben über ein Heim für geflohene Mädchen. Prinz war jetzt 28 Jahre alt und fand es nicht schlecht, künftig nicht mehr 1500 Mark im Monat, sondern 2500 zu verdienen. Außerdem, sagt er, habe er »Boulevardzeitung nun schon gekonnt«, deshalb habe er nun Illustrierte lernen wollen. Sein Einstand bei der *Quick* waren zwei von ihm geschriebene Serien, die gute Auflage brachten.

Relativ bald kam für den jungen Mann der Punkt, an dem er überlegen mußte, ob er sein künftiges Leben eher als Schreiber oder doch lieber im Redaktions-Management verbringen wollte, wo man andere schreiben lassen kann: Es waren nämlich die Verleger der Illustrierten auf die Idee gekommen, der begabte junge Mann könnte auch ein guter Blattmacher sein, für eine Zeitschrift notabene, der ein wenig Blutauffrischung sehr guttat. Die Leute, die damals das Sagen hatten bei der *Quick*, kamen fast alle noch aus den alten Zeiten, von der Wehrmachts-Illustrierten *Signal* vor allem, bei der im Dritten Reich eine Reihe der großen deutschen Fotografen Unterschlupf gefunden hatte. Denen zu erklären, daß man eine Illustrierte nun anders machen müsse, war offenbar eher schwierig.

Jedenfalls seien, sagt Günther Prinz, die ersten Jahre bei der *Quick* eine »furchtbar harte Zeit gewesen«, was eine interessante Aussage ist, wenn sie jemand macht, der später für seine eigene Härte berühmt und berüchtigt werden sollte. Wie es scheint, wurde Prinz, vor allem als er zum stellvertretenden Chefredakteur und Leiter der Bildredaktion avanciert war, von den altgedienten Kollegen erst einmal so heftig abgelehnt, daß er mehrfach kurz davor war, den Job hinzuwerfen; aber dann, sagt er, habe er sich auch nicht blamieren wollen, außerdem habe er die Brücken, die zurückgeführt hätten, längst abgebrochen gehabt. Trotzdem: »Die Atmosphäre war so eisig bei der *Quick*, damit hätten Sie einen Frigidaire ersetzen können.«

Er ahnte vielleicht nur noch nicht, daß das Vorschrift ist bei Illustrierten. Ob Günther Prinz eigentlich weiß, daß vielen Kollegen, wenn sie sich heute an seine eigenen Zeiten als Chef erinnern, ähnliche Metaphern einfallen wie die von der Kühlschrankatmosphäre? Vermutlich weiß er es nicht, vermutlich kann man in der Abteilung Boulevard & Illustrierte überhaupt nur erfolgreich sein, wenn man aber selbst eine gewisse Kälte ausstrahlt und sich dessen nicht bewußt ist.

Prinz und sein Freund Karl-Heinz Hagen jedenfalls (der schon in Berlin sein Chefredakteur gewesen war und den er nun als Chef der *Quick* nach München holte) wurden bald in der Branche als ein unvergleichliches Duo gehandelt: Einerseits bewunderte man sie als Spitzen-Journalisten, und andererseits waren sie gefürchtet. »Horror-Brothers« fällt einem Journalisten ein, der damals unter den beiden gedient hat; »Moabiter Keulenriege« war ein anderes geflügeltes Wort.

Es soll an dieser Stelle nicht moralisiert werden, schon gar nicht gegen Prinz, der zu den Nachdenklicheren seines Gewerbes gehört, wenigstens heute – aber vielleicht sollte sich mit diesem Aspekt einmal eine der vielen Promotionen befassen, die an den kommunikationswissenschaftlichen Fakultäten unserer Universitäten erstellt werden: mit dem Aspekt nämlich, wie viele Redakteure und Schreiber in den Nachkriegsjahren des Illustrierten-Journalismus verheizt worden sind, wie viele als Alkoholiker endeten, als Tablettensüchtige, wie viele sich irgendwann umgebracht haben; mit Zufällen kann man diesen immensen Menschenverschleiß nicht mehr erklären, er hat vermutlich doch mit einer systemimmanenten Menschenverachtung zu tun, die Chefs solcher Blätter in zwei Richtungen praktizieren müssen: Einerseits müssen sie Geschichten in Auftrag geben, die mit dem Unglück oder der Privatsphäre anderer Menschen ausbeuterisch umgehen; und andererseits müssen diese Geschichten im harten Kampf um die Auflage mit einer gewissen Gnadenlosigkeit von den Journalisten abverlangt werden. Wenn ein Journalist ein wenig sensibel ist, hält er das nicht aus, wenn er gar nicht sensibel ist (aber dafür dumm), hält ihn sein intelligenter Chef nicht aus und wird nur noch eisiger. Prinz, so scheint es, hat sein Leben lang heftig gelitten unter dem langsameren Verstand oder der mangelnden Bildung vieler seiner Kollegen. Sein Umgangston ist dadurch nicht sanfter geworden.

Bleihaltig genug ging es sowieso zu auf dem Schlachtfeld der Illustrierten-Kriege, in deren Verlauf damals fast jedes Jahr ein anderes Blatt sein buntes Leben aushauchte. Als

Hagen und Prinz auf die Kommandobrücke der *Quick* stiegen – Metaphern aus dem Seekrieg sind im Verlagsgewerbe sehr beliebt –, hatten sich schon längst die *Illustrierte Rundschau* und die *Rheinische Illustrierte* aus den heimischen Gewässern verabschiedet, auch die *Münchner Illustrierte*, die Frankfurter und die Berliner; die Blätter waren entweder schlicht verendet oder zusammengeschlossen worden mit Konkurrenzorganen. Die volle Konzentration der Dioskuren Prinz und Hagen aber war auf den *Stern* gerichtet, den sie so bravourös (mit den Soraya-Memoiren etwa oder mit einem Eklat um den ersten Wehrbeauftragten Heye) bekämpften, daß sie eine Zeitlang auflagenmäßig sogar vor dem großen Gegner rangierten. Wem so etwas gelingt, der schwimmt wochenlang auf Wogen des Glücks und braucht sich um seinen Nachruhm in der Medienbranche nie mehr Sorgen zu machen.

Der Erfolg galt unter Kollegen um so mehr, als die beiden Chefredakteure sehr viel schlechter ausgerüstet kämpfen mußten als Henri Nannen beim *Stern*. Dessen Verleger, Gerd Bucerius vor allem, hätten, sagt Prinz, auf dem Standpunkt gestanden, daß man täglich nicht sehr viel mehr als ein Kotelett essen könne, weshalb sie ihr Geld immer wieder ins Blatt investierten, in besseren Druck, aber vor allem auch in qualifizierte und deshalb teure Journalisten. Die *Quick*-Verleger Kennewig und Martens hingegen, anfangs noch so glücklich über die neuen Chefredakteure, daß sie jedem der beiden zu Weihnachten '63 eine Perserbrücke schenkten, wollten später vor allem Bargeld sehen.

Als sie es im Jahre 1965 für eine gute Idee hielten, den Redaktionsetat um zwanzig Prozent zu kürzen, hatten ihre beiden leitenden Redakteure keine Lust mehr. Erst warf Hagen alles hin, dann wollte Prinz nicht sein Nachfolger werden, sondern sich lieber mit dem Kollegen solidarisieren – womit beide ihren Verlegern zu einer Erkenntnis verhalfen, auf die sie von allein offenbar nicht gekommen wären: daß nämlich der Erfolg eines journalistischen Produkts womöglich doch ein wenig mit dem Talent seiner Journalisten zu tun hat.

Ostern des Jahres verließen Hagen und Prinz das Haus, in der zweiten Maihälfte dementierten die Verleger jegliche Verkaufsabsicht, zwei Wochen später war das Haus (samt *Revue* und *twen* und *Kicker*) an den Heinrich Bauer Verlag verkauft. Kennewig ging nach Elba, allerdings wurde nie bekannt, daß er von dort aus Europa zurückerobern wolle.

Prinz und Hagen ihrerseits waren da schon lange wieder an neuen Ufern: Sie hatten einen für sie neuen Verleger kennengelernt, einen Verleger, der zumindest für Prinz die wichtigste berufliche Bekanntschaft seines Lebens werden sollte: »Ich bin damals«, sagt er heute, »einem sehr jugendlichen Mann begegnet, einem witzigen charmanten Mann, der manchmal sogar richtig albern sein konnte.« Der Mann hieß Axel Springer, war auf dem Gipfel seines Erfolgs und ganz offensichtlich jemand, der Journalisten faszinieren konnte, ganz bestimmt durch seinen herrschaftlich-geschmackvollen Lebensstil, aber auch deshalb, weil er sich selbst als Journalist verstand.

Jedenfalls hat er sich damals eine Menge zugetraut auf dem Zeitschriftenmarkt, und da war es fast unvermeidlich, daß er eines Tages mit Prinz und Hagen zusammenarbeiten würde, die sich ihrerseits eine Menge zutrauten. Zuerst entstand auf diese Weise die Zeitschrift *Eltern* (»Die war deshalb so gut«, sagt Prinz, »weil ich selber damals kleine Kinder hatte, weil mich das alles so sehr interessierte«); danach kam *Jasmin*, jene Zeitschrift für das Leben zu zweit, die zwar letzten Endes kein Erfolg war, aber gewiß eines der spannendsten Produkte der deutschen Nachkriegspressegeschichte werden sollte und eines der folgenreichsten.

Das klingt nun positiver, als es gemeint ist. Gemeint ist, daß hinter *Jasmin* vermutlich zum erstenmal eine konsequente Marketing-Idee gestanden hat. Die Idee aber war, eine Zeitschrift zu machen, die das Glück eines Frauenlebens präzise definieren würde, etwa nach der Rechnung: Ehemann plus Konsum; oder, um es polemisch mit einem Artikel von Gisela Stelly zu sagen, der damals in der *Zeit* erschien: »Behängt Euch und verkauft Euch teuer und habt dabei, wie man wohl hinzufügen muß, soviel Spaß im Bett, wie es nur irgend geht.« Was den Spaß im Bett anging, so wurde der durch ausführliche Lexika der Erotik bedient (»Vergessen Sie alles, was sie bisher über den Orgasmus wußten«), aber wichtiger war die Ansprache an das Luxusweibchen in der erotisierten Frau. Entsprechend hießen die wichtigsten Geschichten im ersten Heft: »Wie reiche Männer ihre Frauen verwöhnen«, »Junggesellen in Deutschland – der Mann mit dem goldenen Bett«, »Der Dieb in meinem Bett«. Der letztere Artikel handelte von einem Kerl, der neun Jahre mit einem Mädchen zusammengelebt und es schließlich nicht geheiratet hatte: »Die besten Jahre meines Lebens waren zerronnen«, bilanzierte die Frau, die sich ein erfülltes Leben nun mal nur als Gattin vorstellen konnte.

Man muß bestimmt nicht annehmen, daß Günther Prinz solche Sätze geglaubt, gar für sein eigenes Privatleben wichtig genommen hätte – darauf kam es aber auch nicht an: Wichtig war der Spieltrieb der Redakteure, die mit solchen Vorgaben hantierten (um das Wort Zynismus zu vermeiden), wichtig war, daß das Blatt professionell gemacht wurde, und das wurde es. Journalisten und (vor allem) Journalistinnen, die damals dabei waren, berichten noch nach so vielen Jahren mit großem Respekt von dem handwerklichen Können ihres Chefredakteurs Prinz, von den innerredaktionellen Wettkämpfen, die man manchmal abgehalten habe und bei denen es darum ging, wer die besten Überschriften für die einzelnen Geschichten schreiben könne und die besten Vorspanne: Daß am häufigsten Prinz gewonnen habe, erzählen sie, und daß sie in den paar Jahren mehr gelernt hätten als in der ganzen restlichen Zeit; außerdem berichten sie noch von gelegentlichen Weinkrämpfen oder davon, daß sie sich oft nicht getraut hätten, vor Mitternacht das Haus zu verlassen; deshalb hätten manche Frauen sich angewöhnt, die ganze Nacht das Licht in ihrem Büro brennen und auf jeden Fall auf ihrem Tisch eine Handtasche mit billigem Kram drin stehen zu lassen. Es hätte ja Prinz vorbeikommen und nachschauen können, ob seine Redakteurinnen da sind.

Ausbeutung ist ein eher zurückhaltendes Wort für diese Art Menschenführung, die schon deshalb stilbildend wirkte im Illustrierten- und Boulevard-Milieu, weil einige der Redakteure, die damals Prinz und Hagen über die Schultern schauten, später selber Chefs wurden; aber wahr ist natürlich auch, daß sich Prinz und Hagen zuallererst selbst ausgebeutet haben. Man hat ihnen nachgesagt, daß ihr Frühstück in der Regel aus ein paar Kopfschmerztabletten bestanden habe, was Prinz dann wieder damit zu kompensieren versuchte, daß er immer viel frisches Obst auf seinem Tisch haben wollte. So, wie er heute aussieht, hat das Rezept auch gewirkt.

Die Zeit bei *Jasmin* dauerte nur drei Jahre lang, dann verkaufte Springer – schon angeschlagen durch die Studentenunruhen – seine Münchener Blätter. Prinz verließ *Jasmin*, nicht ohne eine jener großen Abfindungen, mit deren Hilfe er später ebenfalls berühmt werden sollte in der Branche – und reich sowieso. Es war das Jahr 1971, und es begann die Zeit bei *Bild*. Dort war Prinz besonders erfolgreich.

Es war der Verleger Springer, der ihn dafür hatte haben wollen. Allerdings war es ganz offenbar damals schon ein ganz anderer Springer als jener albern-charmante, den Prinz früher kennengelernt hatte. Inzwischen war das Jahr 1968 gewesen, inzwischen hatte Springer erfahren müssen, wie verhaßt er und sein Haus bei einem großen Teil der intellektuellen Jugend und nicht nur der Jugend waren. Springer reagierte darauf mit tiefem Erschrecken, immer wieder auch mit pathetischen Hinweisen auf seine politische Sendung – und mit einer Art Verfolgungswahn, der zum Teil durchaus verständlich war, aber auch dazu führte, daß er für sich das Land in zwei Hälften teilte. Wer nicht für Springer war, der war gegen ihn, wer aber gegen ihn war, der war ein Linker, einer, der Deutschland verschenken wollte, war physisch so wenig auszuhalten, daß man ihn sich nicht einmal mehr im Fernsehen ansehen konnte. Günther Prinz erinnert sich aus jener Zeit an die Übertragung einer Bundestagsdebatte, die man einmal gemeinsam betrachtet habe: Da habe Springer nur zugeschaut, wenn Barzel geredet habe, bei Brandt (den er in den Berliner Bürgermeisterzeiten noch sehr geschätzt hatte) habe er das Gerät sofort ausgeschaltet. Das war auch besser für die Konsistenz des Weltbildes.

Für Prinz war diese Phobie des Verlegers insofern ein Problem, weil man mit einer solchen Geisteshaltung keine Zeitung machen konnte. Noch sehr genau erinnert er sich an den Tag, das war kurz vor der Wahl 1972, an dem Springer ihn und den Kollegen Kremp von der *Welt* zu sich an den Jungfernstieg zitierte, um sie beide einzuschwören auf massive Wahlhilfe für die Union: »Ich habe gesagt, ich würde mich weigern, auf diese Weise *Bild* zu verbrennen«, erinnert sich Prinz, zumal ja klar gewesen sei, daß man mit einer solchen Kampagne gar nichts bewegen würde. Das mußte Springer dann einsehen, auch wenn er ohnehin vieles von dem nicht verstehen mochte, was da in seinen Zeitungen stand.

Für *Bild* galt das in vielfacher Hinsicht, *Bild* war ja nicht das Blatt, das der Feingeist Springer wirklich lieben konnte – nur daß er natürlich auch wußte, daß es nicht so erfolgreich geworden wäre, wenn seine Chefredakteure es für einen Feingeist wie ihn gemacht hätten. Damals, als Prinz geholt wurde in der Nachfolge von Peter Boenisch, hatte das Blatt nicht nur den schlechten Ruf, den es mehr oder weniger immer hat, es war auch extrem wenig erfolgreich: »Ich habe«, sagt Prinz, nicht nur »ein miserables Image übernommen«, sondern auch »einen verlotterten Laden mit Redakteuren, von denen viele bequem geworden waren, manche sogar faul«. Und mit gelegentlich skrupellosen Redakteuren, wie der neue Chef nicht immer rechtzeitig merkte: Erst vier oder fünf Tage war Prinz im Amt, als in München jener spektakuläre Bankraub mit Geiselnahme an der Prinzregentenstraße passierte. »Ich wollte«, sagt Prinz, »ein Interview mit dem Polizisten, der geschossen hat, habe es auch bekommen.« Erst nach vielen Jahren fand der Chefredakteur heraus, »daß die das gefälscht hatten, das gab es gar nicht«.

Günther Prinz hat in den nächsten Jahren *Bild* wieder in

die Höhe gebracht, hat die Auflage von drei auf fünf Millionen gestemmt, unter anderem gewiß auch damit, daß er das Blatt (»Bild kämpft für Sie«, »Ein Herz für Kinder«) zum Zentralorgan der Entrechteten und Enterbten zu machen versuchte. Daß die »moralischen Minimal-Standards«, die er von seinen Leuten verlangte, immer eingehalten worden wären, behauptet er selbst nicht. Schließlich erzählt er von sich aus, daß er damals, nach Wallraffs Enthüllungsbuch, heftig mit den Kollegen diskutiert habe, was an den Vorwürfen berechtigt sei, daß er seine Redakteure angebrüllt habe (»Habt ihr denn gar keine Moral?«), weil sie eine Frau, die sich hilfesuchend an die Redaktion gewandt hatte, als »dümmste Fahrschülerin Deutschlands« durch die Schlagzeilen jagten.

So wird das schon gewesen sein, aber schwer bestreitbar ist eben auch, daß ein Chef, der Erfolg sehen will, das heißt aber: attraktive Geschichten, seine Untergebenen zwangsläufig und mindestens unbewußt dazu verführt, es mit der Wahrheit nicht so genau zu nehmen und auch sonst nicht mit den Minima Moralia. Wenn Prinz sagt, unter seinen 700 Leuten seien immer ein paar Strolche gewesen, denen er »fast hilflos ausgeliefert gewesen« sei, dann ist das bestimmt wahr, aber das Umgekehrte ist sicher genauso richtig: Einem Chef, der sehr viel intelligenter ist als viele seiner Leute und der sie das immer wieder verzweifelt oder ironisch oder böse wissen läßt, apportiert der verunsicherte Reporter alles, wovon er denkt, es würde droben Gefallen finden. Und wenn er die Geschichte erfinden muß oder mal einsteigen ins Haus eines geheimnisvollen Kriminellen.

Günther Prinz hat durchaus gewußt, was von ihm verlangt wurde und welchen Fähigkeiten er seinen Ruhm in der Branche verdankte – um so härter hat es ihn dann auch getroffen, wenn sein Verleger sich von ihm distanziert hat. Zur größten Krise kam es, als Springer dem *Zeit*-Reporter Ben Witter jenes berühmte Interview gab, bei dem er sagte, manchmal leide er »wie ein Hund«, wenn er morgens seine Zeitungen aufschlage. Sehr bestürzt war damals die *Bild*-

Redaktion, die sich nicht ohne Grund besonders gemeint fühlte, bestürzt war auch der Chefredakteur, der ernsthaft darüber nachdachte, ob er nicht seinen Posten aufgeben sollte. Man kann ihm das schon nachfühlen: Springer hatte zum Beispiel behauptet, »in Hunderten von Briefen« habe er der Chefredaktion Vorwürfe gemacht – allerdings, sagt Prinz, habe es »nicht einen einzigen solchen Brief gegeben«.

Die Sache wurde dann irgendwie durch einen Kompromiß bereinigt, ohnehin konnten sich alle gut erklären, wie dieses Interview zustande gekommen war: Es hatte natürlich damit zu tun, daß Springer einer von jenen Leuten war, die das Kunststück versuchen, den Kuchen gleichzeitig zu essen und zu behalten. Prinz selber war da immer realitätsnäher und war sich darüber im klaren, daß er sein nicht geringes Gehalt auch dafür bekam, daß er gelegentlich dem Verleger (»der im Alter zunehmend prüde wurde«) die prima Idee ausredete, in der *Bild* »künftig nur noch zu zehn Prozent Sex-Themen« zu bringen. Des weiteren wußte er nur zu gut, was er an seinem gebildeten, in den Journalismus verliebten Verleger hatte. Er wußte es spätestens, seit er bei seinem ersten Gespräch mit dem Vorstandsvorsitzenden Tamm »keine fünf Minuten über meine Vorstellung von der *Bild* reden konnte, aber eine Stunde über die Frage, ob die Münchner Redakteure einen BMW als Dienstwagen fahren dürfen oder nicht«. Und er bekam es noch einmal bestätigt, als er jene Rede Springers bei der Eröffnung eines Journalistenclubs gehört hatte, bei der sich der Verleger über die Manager lustig gemacht hatte, die in Hamburg in einem ähnlichen Club sich wichtig täten. Dabei müßten sie doch wissen, daß die Journalisten die ersten Leute im Hause seien.

So war es vielleicht damals, als Springer noch lebte; daß es heute nicht mehr so ist, weiß keiner besser als Günther Prinz. Die ironischste Pointe, die ein Journalistenleben haben kann, ist ja die, daß sie eines Tages ganz oben an der Spitze des Verlages endet – nur damit anschließend endgültig die Manager die Macht ergreifen, die sie nie wieder hergeben werden. Bei Prinz lief das so ab: Im Frühjahr 1981 hat er die

Nur noch zu zehn Prozent Sex-Themen? Günther Prinz und sein Verleger Axel Springer beim Studium der deutschen Boulevardpresse.

Chefredaktion von *Bild* abgegeben, im Juli 1985 wurde er stellvertretender Vorstandsvorsitzender des Verlages, zwei Jahre später hatte er sich derart mit dem Vorsitzenden Peter Tamm zerstritten, daß er das Haus Springer verließ; die Abfindung soll 17 Millionen betragen haben.

Anschließend ging Prinz zu Burda, gab die *Bunte* heraus, und entwickelte die neue Boulevardzeitung *Super*, zu deren Produktion er den ehrgeizigen Verleger regelrecht verführte. Als das später nur mäßig hübsche Baby ein Embryo im sechsten Monat war, mußte der Verführer Mutter und Kind leider schon wieder verlassen: Ein letztes Mal hatte ihn sein Springer-Verlag angezogen. Die glücklichsten Jahre seiner Karriere waren es freilich nicht, die nun folgten, auch wenn sie die bestimmt höchstbezahlten waren. Am schlimmsten, sagt Prinz, seien die Montage gewesen, wenn wieder der Vorstand tagte, wo über nichts so begeistert diskutiert worden sei wie über die Abzeichnungsrichtlinien für Spesen und Einkäufe aller Art, »statt über die Zukunft der *HörZu*, so nötig das gewesen wäre«.

Seit einiger Zeit sind die Herren ja nun unter sich, da können sie sich auch ungestörter darüber unterhalten, daß Journalisten alle austauschbar sind, geldgierig, eitel und faul. Günther Prinz hingegen, der wohl gern noch in den Aufsichtsrat gebeten worden wäre, sitzt an seinem Schreibtisch fünf Stockwerke über der Alster, denkt über Memoiren nach und darüber, für wen er vielleicht doch noch einmal aktiv werden würde. Und überlegt, ob er das viele Geld, das er im Laufe seines Lebens mit Hilfe des Journalismus verdient hat, nicht in eine Stiftung einbringen soll. Zugunsten von Journalisten.

Siegfried Unseld oder: Der Verleger, ganz schlicht

Es gibt da ein Problem, wenn man die Berühmten dieser Welt aushorchen will: daß sie nämlich manche Fragen schon hundertmal gehört und noch öfter beantwortet haben. Der Aushorcher versucht also tunlichst, bestimmte Fragen zu vermeiden, schließlich hat er die Zeitungsausschnitte in den Archivmappen studiert und könnte diese oder jene Auskunft der berühmten Person auswendig mitsingen. Dann paßt man aber einmal doch nicht so gut auf – und schon hört man Siegfried Unseld sagen, daß er »am Anfang seines Lebens ein paarmal Glück« gehabt habe, daß später »daraus aber eine Kettenreaktion entstanden« sei, das habe dann schon nichts mehr mit Glück zu tun gehabt. Höflich, wie er ist, singt der Interviewer trotzdem nicht mit.

Andererseits ist das alles gut zu verstehen. Jener Satz über das Glück und die Kettenreaktionen steht schon deshalb in beinahe jedem Unseld-Porträt, weil Journalisten und ihre Leser nichts so sehr interessiert bei richtigen Erfolgsgeschichten wie die endgültige Erklärung dafür, warum einigen wenigen Menschen das Glück ein Leben lang an Fersen und Ellenbogen klebt, so vielen anderen aber gar nicht. Wenn dann noch aus dem Sohn eines Ulmer Kreisfürsorgebeamten der wichtigste deutsche Buchverleger der Nachkriegszeit wird, dann – dann wundert sich Siegfried Unseld selbst so sehr über diese Entwicklung, daß er gar nicht umhinkann, sie auch ungefragt immer noch einmal zu erklären. Nicht zuletzt sich selbst.

Soviel zu den Problemen des Porträtisten. Nun aber zu denen seines Objekts, das an jenem Tag, an dem die gewissen Fragen hatten vermieden werden sollen, gerade wieder mal ein wenig Ärger hatte. Der Dichter Franz Xaver Kroetz hatte dem Verleger Unseld zwei Tage zuvor öffentlich und unter großer Anteilnahme sämtlicher Tageszeitungen mitgeteilt, daß er ein böser alter Mann sei und als solcher hinter seinem Jaguar hervorgrinse – was mindestens deshalb ein wenig überraschend gewesen war, weil ja nicht gleich einleuchtet, was Unseld überhaupt hinter seinem Jaguar verloren haben könnte. Trotzdem hatte den Verleger die Kampagne seines Autors (»Ich fühle mich wie mit einem Pfund Scheiße beworfen«, hatte Kroetz dem *Stern* verraten) derart beschäftigt, daß er einen wichtigen Beschluß gefaßt hatte: Nie mehr werde er direkt vor Weihnachten einen solchen Ablehnungsbrief an einen Autor schreiben, dafür seien die Deutschen zu sentimental und die Autoren zu raffiniert.

Nun ja, die Sorgen eines großen Verlegers sind andere als die des gewöhnlichen Menschen; letzteren muß zum Beispiel schon deshalb nicht die Sorge plagen, er könnte auf größere Bevölkerungkreise zu eitel wirken, weil diese Kreise ihn sowieso nicht kennen. Siegfried Unseld sorgt sich an diesem Tage aber sichtlich um sein Bild im Wandel der Zeiten, weshalb er gleich zu Beginn unseres Gesprächs großen Wert auf die Feststellung legt, daß er bestimmt nicht der intelligenteste unter den deutschen Kollegen sei; da gebe es andere, er denke da an Michael Krüger oder, ja natürlich, an »den Wolf Siedler«. Dessen Bücher, sagt er (»Das können Sie mitschreiben«) würde er »vielleicht nicht alle verlegen können«, jedes einzelne davon aber interessiere ihn brennend. So weit geht Unseld im weiteren Verlauf des Gesprächs aber dann doch nicht, daß er nicht einsähe, daß er selbst in einem Buch des Siedler Verlags über die Großen der deutschen Medienbranche vorkommen muß. Das ist eben so, darüber brauchen wir dann auch nicht weiter zu diskutieren. Hatte nicht erst kürzlich der junge Herausgeber Frank Schirrmacher in der FAZ seine Reverenz zum 70. Geburtstag Unselds mit der schlichten Überschrift versehen »Der Verleger«? Dieser Artikel, sagt der Verleger auf Anfrage, habe ihm von allen Würdigungen doch am besten gefallen.

Zu diskutieren braucht man also nicht, zu rätseln gibt es

dennoch genug. Die Frage ist ja nun wirklich sehr spannend, welchen geheimnisvollen Regeln manche Biographien ihren Verlauf verdanken. Und wissen würde man gern, wer da eingreift an mancher Stelle, warum manches so passiert und nicht anders und wie sich ein gewisses Leben unter leicht veränderten Umständen auch sehr gut hätte entwickeln können. Was unseren Fall angeht, so wäre es zum Beispiel eine Spekulation durchaus wert, was geworden wäre aus dem jungen Unseld, hätte nicht eines Tages ein bestimmter Jungvolkführer in der Stadt Ulm mit dem Knaben Siegfried zu tun bekommen, der in diesem Jungvolk Romantik suchte und Lebenssinn – und beides dann mit Hilfe von Büchern vermittelt bekam. Der Jungvolkführer Hans Scholl liebte den Führer und wurde später, als er den Führer zu unvorsichtig haßte, vom Volksrichter Freisler ermordet; die Bücher aber, die Scholl schon in seinen verblendeten Zeiten liebte und dem Buben zu lieben beibrachte, waren Literatur, von Carossa und Penzoldt, von Binding und Rainer Maria Rilke: »Den Cornet«, sagt Unseld fast träumerisch, »den Cornet habe ich damals auswendig gekonnt.«

Normal war diese Art Jungvolkerziehung gewiß nicht, aber das war vieles nicht in diesen Zeiten. Normalerweise hätte der Sohn eines mittleren Beamten (der immer daran litt, daß er nicht Rat werden konnte, und die Enttäuschung darüber durch die Begeisterung für den Führer kompensierte) eher Geländespiele gemacht als Rilke memoriert; sehr gut hätte es da sein können, daß auch der junge Unseld, nachdem der Vater ganz früh in die SA und in die NSDAP eingetreten war, sein Leben verpfuscht hätte durch die Verstrickung in den Naziglauben. Den Halt, den ihm das kleinbürgerliche Milieu nicht geben konnte, gab ihm immerhin Hitlers Jungvolk – und es dauerte durchaus einige Zeit, bis Jung-Siegfried merkte, woran er sich da festgehalten hatte. »Ich hätte leicht abrutschen können«, sagt schaudernd noch der 70jährige. Die Umkehr passierte in Athen, nach dem 20. Juli 1944; da hatte der 20jährige Marinefunker einen Obergefreiten als Vorgesetzten, der die Nazis verachtete. Von ihm lernte Siegfried Unseld, dasselbe zu tun.

Glück? Andere haben auch gescheite Menschen kennengelernt - aber nichts von ihnen lernen wollen. Siegfried Unseld war sein Leben lang ein großer Lerner, und als der Krieg in seine letzte Phase kam, hatte er längst kapiert, daß es jetzt nur noch darauf ankommen würde, zu überleben und danach mit dem richtigen Leben zu beginnen. Noch zweimal half ihm dabei, was man je nach Geschmack Glück, die eigene Kraft oder Gott nennen könnte: Im Jahre 1944 flüchtete er auf der Krim vor den heranrückenden Russen, indem er (»Die haben keine Gefangenen gemacht«) in letzter Minute zusammen mit zwei Kameraden ins Schwarze Meer sprang, wo irgendwo deutsche Boote vor Anker liegen mußten; einer der drei Flüchtlinge wurde sofort erschossen, ein anderer ertrank, als ihn die Kräfte verließen, Unseld wurde nach neun Stunden aus dem Wasser gezogen und hat daraus eine bemerkenswerte Konsequenz für sein weiteres Leben gezogen: Er schwimmt nun jeden Tag, den Gott ihm schenkt. Vielleicht, damit er bei der nächsten Gelegenheit wieder so gut in Form ist.

Als er das zweite Mal gerettet wurde, war der Krieg schon vorbei. Den 8. Mai 45 hatte der Marinefunker im Stab von Dönitz erlebt (»Hab' alle die letzten Funksprüche der deutschen Reichsregierung aufgefangen«), noch am selben Tag war er in dieser Funktion von den Engländern übernommen worden, bald hatte er sich mit einem englischen Offizier angefreundet, mit dem er die Liebe zum Schachspiel teilte. Als er Anfang 1946 ins englische Kriegsgefangenenlager Rostock mußte, sorgte der Schachfreund dafür, daß er sofort entlassen wurde. Zwei Tage später übernahmen die Russen das Lager und die Gefangenen, Unseld hat von keinem seiner Kameraden jemals mehr etwas gehört.

Das Leben danach begann armselig genug - allerdings sollte man sich den Jungen, dünn und hochaufgeschossen wie er war, vermutlich nun als einziges Energiebündel vorstellen. Das war auch nötig: Das Elternhaus war total zerstört, Geld gab es nicht und genausowenig den Studienplatz, den sich der Kriegsheimkehrer so dringend wünschte.

Unseld wurde also Lehrling in einem kleinen Ulmer Verlag, schrieb unverdrossen Bewerbungen an die Universität in Tübingen, wurde dreimal abgewiesen, ließ aber nicht locker und hatte auch nebenbei eine Menge zu tun, vor allem, weil er neugierig war auf die Verhältnisse und auf die Menschen. Daß es endlich aufwärtsging, hatte mit dieser Neugier zu tun, mit deren Hilfe er Ernst Jünger kennenlernte und später Hermann Hesse.

Was Jünger anging, so hatte Unseld mit ihm ein Interview gemacht für eine kleine Zeitschrift, und es fügte sich, daß er später, im Umfeld der Ulmer Volkshochschule, einen Professor zu einem Aufsatz für diese Zeitschrift gewinnen wollte. Man kam ins Gespräch, redete über Jünger, es stellte sich heraus, daß der Verlagslehrling mehr über den Meister wußte als der Professor, was diesen verwunderte, aber auch freute. Was sich aber vor allem herausstellte: Jener Professor Weischedel war Vorsitzender des Zulassungsausschusses der Tübinger Universität, an dem Unseld bisher dreimal gescheitert war. Nach dem Gespräch war die Hürde keine Hürde mehr.

In der nächsten Abteilung sehen wir Siegfried Unseld Germanistik studieren sowie »Philosophie, Nationalökonomie, Völkerrecht, Bibliothekswesen und Sinologie«, wie er das viel später einmal – das Aufzählen seiner eigenen Leistungen ist unbedingt ein Hobby Unselds – dem *interpress archiv* vorgerechnet hat: Die lange Liste liest sich ganz so, als hätte sich bei dem Studenten vorher einiges aufgestaut – und als habe da einer vor Ehrgeiz gebrannt, sich und den anderen etwas zu beweisen. Bewiesen hat er sich damals aber auch, daß er über Literatur schreiben konnte – und weil er es versucht hatte, stand er plötzlich und ohne es zu wissen an jener Gabelung, die seinem künftigen Leben die Richtung weisen sollte.

Es hatte nämlich Siegfried Unseld einen Essay über Hesses Glasperlenspiel geschrieben, der in der Tübinger Studentenzeitung veröffentlicht und dem Dichter von einem Leser ins Tessin geschickt wurde. Hesse war damals 78 Jahre alt, aber er war noch immer ein großer Briefschreiber und sehr zu beeindrucken, nicht zuletzt, wenn sich jemand für seine Arbeit interessierte. Es begann also ein reger Briefwechsel, irgendwann fuhr der Student Unseld ins Tessin, ging mit Hesse durch den Park im Schloß Bremgarten, verblüffte ihn, weil er (»Ich hatte ja die Morgenlandfahrt genau gelesen«) alles kannte, was es in diesem Park zu sehen gab. An irgendeinem Punkt des Gesprächs fragte der Dichter den Jungen, was er denn gerade mache, erfuhr, daß der sich überlegte, vielleicht einen eigenen kleinen Verlag aufzumachen – zum Beispiel, um den ganz jungen Martin Walser zu verlegen, mit dem er studiert hatte, oder auch Walter Jens. Und dann kam die Frage aller Fragen: »Warum gehen Sie nicht zu meinem Freund Suhrkamp?« Unseld ging.

Am 1. Januar 1952 hat diese erstaunliche Laufbahn begonnen, eine Laufbahn, die nur deshalb so gut gelang, weil sich aufs glücklichste drei höchst unterschiedliche Männer verbündet hatten: Da war erstens Peter Suhrkamp, der kurz zuvor, auf eher unerfreuliche Art, seine Trennung von S. Fischer hinter sich gebracht hatte; Suhrkamp, nicht gerade jemand, der gute Laune versprühte, war damals 61 Jahre alt, »ein Herr, ein Konservativer, ein Architekt des Buches« (Unseld), der sich auch noch um die kleinsten Details seiner Produkte gekümmert hat, jedenfalls so lange, bis ein Buch auf dem Markt war, weil er dann das Interesse verlor. Der andere war Hermann Hesse, der unfreiwillig die Ursache dafür gewesen war, daß die Nazis Suhrkamp ins KZ sperrten, weil sie nämlich einen Brief des verhaßten Dichters an ihn abgefangen hatten, in dem es geheißen hatte, ohne Suhrkamp sei die Antinaziliteratur nicht denkbar. »Ohne Hesse«, sagt wiederum heute Unseld, »wäre der Verlag nicht denkbar gewesen« – ohne einen Mann nämlich, der dem Hause Suhrkamp seine Honorare und das Geld für seinen Nobelpreis als Darlehen zur Verfügung stellte und der zusätzlich das wohlhabende Schweizer Handelshaus des Peter Reinhard als Kommanditisten in den Verlag brachte. (Kenner sagen, dieses Haus sei über manche Strecken der Verlagsgeschichte weniger als Gesellschafter einzuschätzen denn als Mäzen.)

Und endlich gab es da eben den 28jährigen Siegfried Unseld, der ein Jahr zuvor (mit einer Arbeit über Hesse, was sonst) promoviert worden war und sich ganz schnell mit all seinen Talenten nützlich machte. Zu den Talenten zählte eine schnelle Auffassungsgabe, wenn Unseld dem alten Suhrkamp über die Schulter schaute, gehörte die Liebe zur Literatur und den Literaten, gehörte vor allem eine Begabung, die in vielen schöngeistigen Verlagen damals eher fehlte: Bald zeigte sich, daß Unseld auch als Kaufmann, als Rechner, als Marktbeobachter überdurchschnittlich talentiert war. Wobei ihm seine schwäbische Sparsamkeit überaus zugute kam, die später noch Generationen von Autoren wie Angestellen zur Verzweiflung bringen sollte.

Damit eine Erfolgsstory daraus wurde, mußte dann nur noch eines hinzukommen: Der junge Mann mußte Mitinhaber des Verlages werden, in den er fast mittellos eingetreten war. Die Sache ließ sich überraschend einfach organisieren. Im Jahre 1957 wurde der inzwischen 33jährige mit Hilfe von zehntausend Mark, die er sich geliehen hatte, Gesellschafter. Anschließend, sagt er, habe man nur noch »eineinhalb Jahre lang den Gewinn stehenlassen müssen«, dann sei er »pari gewesen«. Man könnte auch sagen, daß da einer durch schlichtes Einbringen seiner inzwischen schon unersetzlichen Arbeitskraft zum Eigentümer geworden ist – oder auch dadurch, daß die mit dem Geld erkannt hatten, wie wichtig er war.

Als der schon lange krank gewesene Peter Suhrkamp am 31. März 1959 starb, wurde jedenfalls nicht ein noch so hochbezahlter Angestellter der Chef des Suhrkamp-Verlages, sondern ein persönlich haftender Gesellschafter, mit allen Konsequenzen: Es taten ihm die Verluste des Hauses genauso weh wie den anderen Teilhabern, er mußte sich aber auch vor niemandem verantworten, wenn er einmal den falschen Autor für ein Genie hielt oder wenn er Geld für ein Buch ausgab, von dem außer ihm niemand glaubte, es

Der Verleger Siegfried Unseld im Jahr 1963 bei der Diskussion über die geplante »edition suhrkamp«. V.l.n.r.: Hans Magnus Enzensberger, Unseld, Karl Markus Michel, Walter Boehlich, Martin Walser und Uwe Johnson.

lasse sich auch verkaufen. Diese Konstruktion, sagt Unseld heute, sei gewiß ein Teil seines Erfolgsgeheimnisses; er kann das schon deshalb sagen, weil ihn – obwohl seine Gruppe inzwischen selbst fast so etwas wie ein Konzern geworden ist – wenigstens insoweit die konkurrierenden Großkonzerne Bertelsmann und Holtzbrinck nicht kopieren können.

Der steile Aufschwung, der nun folgte, hat sich dann ja sozusagen vor aller Augen abgespielt: Es war ein Aufstieg aus ziemlich flachem Land, wenn man bedenkt, daß der Verlag lange Zeit keineswegs über einen großen Autorenstamm verfügte, vielmehr im wesentlichen auf zwei Säulen ruhte, die Hesse hießen und Brecht. Eines der vielen Verdienste Unselds war es, daß er sehr bald die Idee hatte, sich nicht auf Belletristik zu beschränken, sondern vielmehr den Ehrgeiz, sozusagen das ganze Geistesleben des Landes mit seinen

Büchern abzudecken: Philosophie und Politik, Psychologie und Soziologie; mindestens, wer sich für die Geisteswissenschaften Deutschlands und Europas interessierte, kam an Suhrkamp nicht mehr vorbei und an seinen Lektoren, die in seinem Schatten bald selbst berühmt wurden.

Mitte der sechziger Jahre entstand die »edition suhrkamp«, später kamen die »suhrkamp taschenbücher«, die »suhrkamp taschenbücher wissenschaft« dazu; ein paar Jahre lang wenigstens war da – ohne den Einsatz des großen Geldes für Taschenbuchrechte anderer Verlage, ohne jene scouts, die in Amerika auf Bestseller-Jagd gehen – ein Projekt gelungen, das kein anderes Verlagshaus der Welt auch nur versucht hätte: Es war gelungen, beinahe so etwas wie ein Monopol zu errichten für den gesellschaftlichen Diskurs eines ganzen Landes. In diesen Jahren war es so abwegig nicht, in Deutschland – wie das George Steiner formuliert hatte – eine »suhrkamp culture« zu diagnostizieren und den Verleger mit Namen zu nennen, ohne den es eine bestimmte Art zu diskutieren nicht gegeben hätte. In dieser Zeit war der Verleger der Benjamin und Adorno, der Horkheimer und Marcuse eine Lichtfigur der intellektuellen Linken – und Unseld hatte wenig dagegen, daß die Öffentlichkeit diesen Eindruck gewann. Im Gegenteil: Bevor einige seiner wichtigsten Lektoren zu selbständig wurden und zu berühmt, ging man dann doch lieber auseinander.

Wahrscheinlich tut man ihm nicht viel Unrecht, wenn man konstatiert, daß es Unseld schon damals weniger um die Inhalte dieser Diskussion gegangen ist. Für diese Lesart spricht, daß Leute, die später mit ihm über die Frankfurter Schule geredet haben, sich sehr gewundert haben, wie wenig von deren Erkenntnissen dem Verleger wirklich wichtig geworden ist. Worum es dagegen ganz bestimmt ging, das war, Erfolg zu haben, geschäftlich, intellektuell, in jeder Beziehung. Das wäre nun auch nichts Böses, wäre nur allzu menschlich – das Bemühen, sich selbst zu bestätigen und immer wieder den Beifall der anderen zu bekommen, ist von jeher einer der wichtigsten Antriebe für große Leistungen aller Art. Daß Unseld (der übrigens vor Fernsehkameras noch immer sympathisch nervös sein kann) eitel ist, kann man so sehr mit Händen greifen, daß man es schon kaum mehr erwähnen mag. Wäre er nicht eitel, wäre der Menschheit zu seinem 70. Geburtstag nicht jene bemerkenswerte Bibliographie des Verlegers geschenkt worden, in der auf 154 Seiten alle schriftlich vorliegenden Texte Unselds aufgelistet wurden, nicht nur sein wunderbares Büchlein über »Goethe und seine Verleger«, sondern genauso ein »Grußwort zur Eröffnung der Mayer'schen Buchhandlung, Neumarkt Köln, 22. Oktober 1987«. Ein Erfolgsmensch muß sich nun einmal ständig der Tatsache versichern, daß er ein Erfolgsmensch ist – mal mit Hilfe von Bibliographien, mal mit Hilfe eines auffälligen Autos, das dann auch noch die Autonummer F-SU hat. Dank dem Dichter Kroetz kennt ja nun das literarisch interessierte Deutschland auch die Automarke des Verlegers Unseld, was literaturhistorisch vielleicht gar nicht so bedeutsam ist; uns Vulgärpsychologen sagt sie immerhin, daß da einer noch mit 70 Jahren Spaß hat an den Dingen, die er sich selbst erarbeitet hat, und daß er nichts davon hält, sie zu verstecken. Wenn er dann noch Schwabe ist und also von seiner Veranlagung her gar nicht in der Lage, sein schönes Geld in Villen anzulegen oder in Segeljachten, kann schon nicht mehr so viel passieren.

Ein goldener Löffel im Mund ist übrigens auf keinem Säuglingsfoto der Großen dieser Zunft zu erkennen; er hätte im späteren Leben auch nur gestört. Es ist kein Zufall, sagt Unseld, daß Peter Suhrkamps Eltern Bauern waren und Samuel Fischer aus einem kleinen Handelsgeschäft stammte – und fügt schnell die Bemerkung hinzu, Verleger müßten »diese Bereitschaft haben, zu dienen«.

Auch das ist merkwürdigerweise wahr, und es widerspricht nicht einmal der Behauptung, daß der Verleger Unseld eitel ist: Es gibt auch eine Eitelkeit des Bescheidenen, die ansonsten in der Wirtschaft nicht sehr verbreitet ist. Der Erfolgsmanager, der gestern einen Elektronikkonzern geleitet hat und heute einen Medienkonzern führt, ist ohne großes Zutun heftig in der Versuchung, sich für den wichtigsten Menschen des Unternehmens zu halten. Wenn es um ein literarisches Unternehmen geht, ist das aber ein Irrtum, wenn es um sensible Dichter geht, ist es ein schlimmer Fehler: ein Fehler, der Siegfried Unseld sehr früh von seinem Mentor ausgetrieben worden ist. Gern erzählt er die Geschichte vom Januar 1953, die davon handelt, daß ein junger Mann, der gerade sein erstes Romanmanuskript abgeliefert habe, von Suhrkamp zur Diskussion darüber nach Frankfurt einbestellt worden sei; er selbst, Unseld, sei dafür gewesen, daß er und der Lektor sofort nach dem Eintreffen des Autors mit dem Mann über die Schwächen seines Manuskriptes zu reden beginnen würden. Suhrkamp jedoch, der offenbar Angst hatte, die Kritik der beiden würde zu verletzend ausfallen, bestand darauf, daß nur über das Wetter und die Familie gesprochen werden dürfe, solange er selbst noch nicht dabeisein könne. Die goldene Regel des Verlegers Suhrkamp dazu aber habe gelautet: »Merken Sie sich eines: Jeder Autor, und sei er noch so jung, steht als schöpferische Persönlichkeit turmhoch über uns dreien, die wir hier sitzen.«

Nun würde die schöpferische Persönlichkeit Kroetz (um sie ein letztes Mal zu erwähnen) vermutlich bestreiten, daß sich Unseld immer an diesen Merksatz gehalten habe; und ganz bestimmt wird man sagen können, daß dem erfolgreichen Verleger im Laufe der Jahre auch eine gewisse Arroganz zugewachsen ist – vielleicht ganz unvermeidlich, wenn man bedenkt, daß sich ihm im täglichen Leben manchmal der Verdacht einfach aufdrängen muß, dieses oder jenes Manuskript hätte er selbst im Zweifel besser geschrieben. Das ändert nichts an der Tatsache, daß das wichtigste Kapital des Siegfried Unseld wohl wirklich die Begeisterungsfähigkeit für seine Autoren war und die Treue, die er den meisten von ihnen gehalten hat, bis hin zu dem großen Wolfgang Koeppen zum Beispiel, von dem nur noch Unseld unverdrossen den großen Roman zu erhoffen vorgibt, für den er ihn schon so lange bezahlt. (Warum, fragt Unseld, hat

»Jeder Autor steht turmhoch über uns«: An dieses Motto Peter Suhrkamps hält sich auch der Verleger Unseld. Das Photo aus dem Jahre 1968 zeigt Siegfried Unseld neben Theodor Adorno und Heinrich Böll.

Kafka die drei Romane nicht zu Ende geschrieben, an denen er in seinen letzten Lebensjahren gearbeitet hat? Er hat die Erklärung in einem Brief des schwierigen Genies an seinen Verleger Kurt Wolff gefunden: »Ein Wort von Ihnen... würde mir, über alle Unsicherheit der Gegenwart und Zukunft hinweg, doch viel bedeuten.«)

Ist man zu romantisch, wenn man bei den Beziehungen zwischen manchen Autoren und manchen Verlegern an Liebespaare denken muß? Die Metapher würde immerhin die Leidenschaft erklären, mit der man gelegentlich einander verfallen ist – und die Krisen, wenn der Verleger es wagt, auch einem anderen Autor schöne Augen zu machen. Unseld ist gewiß ein Liebender gewesen, immer wieder. Zu Hermann Hesse gab es diese Beziehung, von dem Unseld unter anderem den pädagogischen Furor gelernt hat, der ihm bei vielen Entscheidungen so nützlich war; und zu Bertolt Brecht gab es sie (»ein zurückhaltender Jesuit«), zu Martin Walser vor allem, mit dem ihn »eine ganz große Männerfreundschaft verbunden hat, wir haben lange Zeit fast jeden Tag miteinander telefoniert«.

Nur wer die Liebe kennt, kann dann auch verstehen, daß Walser seinen Verleger in einem Roman verspotten darf und dann trotzdem wieder nächtelang mit ihm Schach spielt; nur wer schon einmal bitter enttäuscht war in einer komplizierten Beziehung, versteht, warum sich der Dichter Handke in einem Illustrierten-Interview bitterlich über seinen Verleger beschwert, der nicht rechtzeitig genug das Manuskript seines neuesten Romans gelesen hatte; und warum derselbe Dichter noch am Abend, an dem die Illustrierte erscheint, sich nach einem ausgiebigen Abendessen mit dem Verleger in den Armen liegt. Und welches andere Wort als Zärtlichkeit soll man benutzen, wenn man zu beschreiben versucht, wie Unseld über Samuel Beckett redet, einen »der liebenswürdigsten und einfühlsamsten Autoren, denen ich je begegnet bin«? Eine der Personen, die für ihn geschrieben haben und weiter schreiben, hat Siegfried Unseld in zweiter Ehe sogar geheiratet. Aber das ist eine andere Geschichte.

Wenn man sich das alles hat erzählen lassen, von ihm und anderen, dann begreift man vielleicht ein wenig mehr. Wer von den Autoren erfährt, daß sie Unseld schon deshalb nicht verlassen können, weil es keinen anderen Verleger gebe, der ihre Titel in immer neuen Ausgaben lieferbar hat, versteht die Treue der Suhrkamp-Autoren; wer aber umgekehrt beobachtet, mit welcher Freude der Verleger einen Liebesbrief seines Autors G. aus der Briefmappe zieht (»dieses Gefühl, daß der Verlag für mich durch dick und dünn geht…«), der ahnt plötzlich auch, warum Siegfried Unseld nicht aufhören kann, zu arbeiten. Und warum der Machtkampf mit seinem exzellent ausgebildeten Sohn im Jahre 1992 wohl nicht anders ausgehen konnte, als er ausgegangen ist, und warum das womöglich für den Verlag überlebenswichtig gewesen ist: Siegfried Unseld konnte mit Joachim Unseld nichts teilen, nicht seine Autoren, nicht seine Leidenschaft, nicht die Autorität bei den Mitarbeitern, die der Sohn gerne einmal vor den Kopf gestoßen hat, wenn er seine schönen neuen Autos direkt vor dem Verlag geparkt hat.

Im übrigen darf der Senior gar nicht in den Ruhestand gehen, und er kann es auch nicht. Er hat sich wohl schon zu lange an den Gedanken gewöhnt, daß er unsterblich ist.

Peter von Zahn

Irgendwann zwischen Herbst 1945 und Frühjahr 1946 ist es im Kreise der Besatzungsmächte zu einer größeren Kontroverse gekommen: Genauer gesagt, beschwerten sich die Amerikaner heftig bei den Briten wegen eines Kommentars, den Radio Hamburg unter dem Titel »Umgang mit Siegern« ausgestrahlt hatte. Der Kommentar hatte von der Frage gehandelt, wie eigentlich nach der Haager Landkriegsordnung das Verhältnis zwischen Siegern und Besiegten zu regeln sei. Unter anderem war der Autor zum Ergebnis gekommen, daß der Besiegte weder zum Verhungern noch zum Erfrieren verurteilt werden dürfe und daß zwar der Besiegte dem Sieger unter gewissen Umständen sein Haus zur Verfügung zu stellen habe, daß die Tochter jedoch nicht unter den Oberbegriff »Haus« falle.

Verfaßt hatte das Ganze ein gewisser Peter von Zahn, der sich noch heute freut über das weithin hörbare Echo seiner fast fünfzig Jahre alten frechen Überlegungen, die Besatzer betreffend. Interessant aber war vor allem der Platz, von dem aus er diese Überlegungen angestellt hatte: Es war nämlich ein Radiosender der Besatzer, in dem man damals Unbotmäßigkeiten zur Not auch auf Kosten der Betreiber versenden durfte, ohne daß sich, trotz allen Ärgers mit amerikanischen Kameraden, die Vorgesetzten deshalb besonders anstellten. Sie ließen ihre Journalisten einfach gewähren. Wer ein Beispiel braucht für Liberalität und Pressefreiheit: Hier hat er ein besonders sinnfälliges aus den guten alten Zeiten.

Dabei kann man weiß Gott nicht sagen, daß in jeder anderen Beziehung die Zeiten angenehm gewesen wären. Es gab ja wirklich wenig zu essen im Winter 45/46, und die Wohnungen der Leute waren so kalt, daß Zahns vierjährige Tochter schon mal mit ins Büro ging, um sich unter dem Schreibtisch des Vaters eine Hundehütte zu bauen, aus der heraus sie dann die nichtsahnenden Besucher schrecklich anbellte. Und dennoch scheinen das gute Bedingungen für den freien Journalismus gewesen zu sein. Jedenfalls stimmt es einen schnell ein wenig melancholisch, wenn man, gut bewirtet und prima aufgewärmt, an einem Wintertag des Jahres 1995 den Publizisten Peter von Zahn in seiner schönen Wohnung am Harvestehuder Weg zu Hamburg besucht und sich von ihm, – ein wenig näselnd auf unvergleichliche Art – erzählen läßt, wie er fünfzig Jahre früher seinen Beruf ausgeübt hat.

Zwei Unterschiede zwischen damals und heute springen dem Besucher, je länger das Gespräch dauert, desto stärker ins Auge: Erstens müssen die seinerzeit Mächtigen, obwohl sie einen Krieg gewonnen hatten und sich vor keinem Deutschen zu fürchten brauchten, sehr genau gewußt haben, daß man keinen interessanten und vor allem glaubwürdigen Rundfunk machen kann, wenn man seine Journalisten schurigelt und mehr zensiert als unbedingt nötig unter einem Besatzungsstatut; der andere Unterschied ist, daß in jenen Zeiten Leute mit höchst unterschiedlichen Meinungen, daß Konservative und Kommunisten, Weltkriegsoffiziere und KZ-Insassen einander nicht nur aushielten, sondern respektierten und manchmal liebten. Beide Geisteshaltungen sind in deutschen Rundfunkanstalten heute weniger verbreitet, man macht mit ihrer Hilfe auch nicht so gut Karriere.

Auch aus solchen Gründen kommen einem fast die Tränen, wenn man hört (oder in Peter von Zahns Erinnerungen liest), welche Lichtgestalten aus sehr verschiedenen Sternsystemen damals Programm gemacht haben bei Radio Hamburg und später beim Nordwestdeutschen Rundfunk: Liebevoll erzählt der politisch so ganz anderes gestrickte Zahn vom »redlichen« Sozialisten Axel Eggebrecht, der seine Utopie nicht aufgeben mochte und nicht seine Liebe zu jüdischen Witzen und Siamkatzen; oder von Peter Bamm, dem Arzt und deutschen Patrioten, der wunderbare Feuilletons schreiben konnte und es so charmant verstand, neue Autoren zu ermuntern (zum Beispiel in einem wichtigen Augenblick seines Lebens einen gewissen Siegfried Lenz); nicht zu vergessen der große Ernst Schnabel, der nicht nur »der fruchtbarste unter uns Rundfunkautoren war«, sondern auch jemand, der wußte, wozu man Rundfunkgebühren vor allem auszugeben hatte: für Autoren und Künstler, denen nur wenig einfällt, wenn sie Hunger haben. Die Verwaltung eines Senders war damals noch weniger wichtig als das Programm, aber das waren ja auch die Zeiten, in denen die Rundfunkintendanten – Wilhelm von Scholz vom Bayerischen Rundfunk oder Friedrich Bischoff vom Südwestfunk – noch Schriftsteller waren, nicht Juristen und schon gar nicht Parteifunktionäre.

Zusammen mit all diesen Göttern des deutschen Nachkriegsrundfunks, alle angebetet und angefeindet, überschüttet mit Verehrerpost und mit haßerfüllten anonymen Karten, auf denen stand, sie sollten doch endlich nach Palästina gehen – zusammen mit all denen arbeitete Peter von Zahn: als einer der beiden wichtigsten Kommentatoren eines Senders, dessen Bedeutung für die öffentliche Meinung in Deutschland man heute kaum noch erahnen kann. 32 Jahre war er alt und wußte selbst kaum, warum er auf diesen Stuhl gekommen war und woher er die Chuzpe des geborenen Journalisten nahm, der zu allem und jedem eine Meinung formulieren mußte, und das oft so schnell, daß er in der Sendung noch »am Schlußabsatz des letzten Beitrages arbeitete, während der erste schon verlesen wurde«. In einer Journalistenschule hatte er das alles jedenfalls nicht gelernt, es sei denn, man verträte die Ansicht, das Leben, das zu führen junge Leute damals gezwungen waren, habe von ganz allein eine schwer überbietbare Ausbildung zum Journalistenberuf geboten.

Die Familie von Zahn, erst in Chemnitz, dann in Dresden zu Hause, war bürgerlich-konservativ, das Klima war bildungsgesättigt. »Wir waren nicht gerade Barbaren«, sagt Peter von Zahn. Nur die Verhältnisse um die Familie herum waren über die Jahre hinweg immer wieder barbarisch, so wie überall in Deutschland: Als der junge Peter, eines von fünf Kindern der Familie, eineinhalb Jahre alt war, brach der erste Weltkrieg aus, in welchen der Vater, von Beruf Offizier, als Hauptmann des Sächsischen Infanterieregiments 104 zu ziehen hatte. Dessen ältester Sohn war der jüngste Leutnant der sächsischen Armee, wurde von seinem kleinen Bruder Peter angehimmelt, von seinen Eltern über alles geliebt – und im Jahre 1916, nachdem er die Schlacht an der Somme überstanden hatte, während einer Übung von einer Handgranate zerfetzt. Zum ersten Mal hatte die katastrophale Zeit das Leben der Familie mit einer höchst privaten Katastrophe überzogen.

Zum Schreiben hatte es den jungen Mann bald gedrängt (»wüste Gedichte«, sagt er, habe er geschrieben), aber als er ein wenig älter geworden war, fand er es trotzdem nicht sehr sinnvoll, im Hauptberuf Journalist oder Schriftsteller zu werden. Peter von Zahn hatte in Dresden gerade Abitur gemacht, als die Nazis an die Macht kamen, danach studierte er, neben Geschichte und Philosphie, zwar auch ein wenig die Zeitungswissenschaften in Freiburg. Aber der erste Job, den er dann antrat nach seiner Promotion über die Geschichte der Wiedertäufer, war der eines Angestellten beim Deutschen Verlag. Kurz darauf brach der nächste Weltkrieg aus, in dem der nächste von Zahn als Soldat anzutreten hatte, bis zum bitteren Ende.

Wer Zahns Erinnerungen an diese Zeit liest, wird schnell ein Gefühl der Dankbarkeit dafür entwickeln, daß da ein selbstironisch schreibender, oft witziger Autor nicht versucht, sich nachträglich zum Widerstandskämpfer und Helden hochzustilisieren, obwohl es keine Zweifel gibt, daß er in schwierigen Zeiten anständig geblieben ist: »Er versuchte, kein Unrecht zu tun und es dort, wo es anging, zu mindern«, hat sein Kollege und Freund Klaus Harpprecht später einmal geschrieben. So wird es wohl gewesen sein, schon weil Peter von Zahn ganz deutlich nicht zum Fanatismus taugt. Wenn er ein stolzer Deutscher hätte sein und bleiben wollen, hätte er keine Engländerin heiraten dürfen, wenn er sich vaterländisch-begeistert in die Tasche hätte lügen wollen, hätte er nicht Dienst tun dürfen an den Fernschreibern des Oberkommandos der Wehrmacht. Über seinen Schreibtisch gingen viele streng geheime Meldungen über Siege und Niederlagen. »Deshalb habe ich«, sagt er, »eigentlich von Anfang an gewußt, wie es ausgeht.«

In den letzten Jahren des Krieges ist Peter von Zahn, wie viele spätere Journalisten, zur Propagandakompanie abkommandiert worden, hat aus der Ukraine berichtet, aus Nordrußland, war viel mit einem Zeichner unterwegs, der ihm beigebracht hat, genauer hinzusehen – und hat eine Menge Dinge mitbekommen, die man nie mehr vergißt. Als nach dem 20. Juli 1944 seine Frau verhaftet wurde, weil sie zufällig bei den Stauffenbergs wohnte, wußte Peter von Zahn noch ein wenig mehr über die Methoden des Terrorregimes, über die Möglichkeiten, es zu überlisten, über die Kompromisse, die man dabei manchmal machen mußte. Als er mit einem Obersturmbannführer über die Freilassung seiner Frau gestritten hatte, ließ der ihn wissen, daß es dafür nicht schlecht wäre, wenn er einmal etwas schreiben würde, was seinen »Glauben an den Endsieg überzeugend zum Ausdruck bringen würde«. Einige Tage später hatte er in der Wochenzeitung *Front und Heimat* einen Leitartikel untergebracht, in dem der Durchhaltewille des deutschen Soldaten angesichts des kulturell unterlegenen Feindes einer ausführlichen Würdigung unterzogen wurde. Es sei, sagt von Zahn, »meine ureigene Entscheidung gewesen, mich zu prostituieren«, weil es ihm nicht gegeben gewesen sei, »diese Prüfung als Held zu bestehen«. Er wünsche jedem, daß er nie in den Bann eines Systems geraten möge, das solche Dinge fordert.

Die Geschichte dieses kleinen Leitartikels ist nicht zuletzt deshalb so aufschlußreich, weil niemand Peter von Zahn gezwungen hätte, sie aufzuschreiben oder zu erzählen. Der Mann ist ziemlich ehrlich, was festzuhalten nicht unwichtig ist bei der Beschreibung eines großen Journalisten. Kurze Zeit nach diesen dramatischen Ereignissen war er dann ja auch schon einer. Am letzten Kriegstag, da war er in Lett-

Die Deutschen zur Kühnheit ermuntern: Peter von Zahn verdankt nicht zuletzt den Engländern seine ersten Karriereschritte. Die Abbildung zeigt den Nachkriegsausweis des ehemaligen Hauptschriftleiters Peter von Zahn.

land, hörte er über eine Funkstation live die Kapitulation in Reims ab, stieg zusammen mit Walter Steigner, der später auch noch eine wichtige Rolle spielen sollte im deutschen Rundfunkwesen, in ein winziges Boot, mit dem er über die Ostsee schipperte.

In Kiel angekommen, landete er bei einer Gefangenendivision, und weil es so wenig Offiziere gab, die englisch konnten, war er ganz schnell Dolmetscher. Als solcher sprach er im Juni 1945 seinen ersten Rundfunkkommentar über das Lagerleben in Holstein. Beinahe wäre er nicht mit Originalton gesendet worden, weil Peter von Zahn nicht knackig genug deutsch sprach, sondern im Singsang sächselte. Und beinahe hätte er große Schwierigkeiten bekommen – mit deutschen Offizieren, die es ganz unmöglich fanden, daß er den Text einfach gesprochen hatte, ohne ihn vorher dem General vorzulegen. Der General war zwar längst kein General mehr, sondern kriegsgefangen wie der Leutnant von Zahn auch – aber was ein rechter deutscher Offizier ist, der erteilt Befehle, ob sie einen Sinn ergeben oder nicht. Weil nämlich die freie Presse sowieso eine Erfindung der Sieger ist, die damit das deutsche Volk verderben wollen.

Daß es die freie Presse ohne die Sieger, besonders die englischen, nicht gegeben hätte, stimmte ja auch irgendwie. Im nächsten Abschnitt des Lebens des Journalisten Peter von Zahn sind jedenfalls die Hauptfiguren jene englischen Presseoffiziere und Journalistenkollegen, deren Rolle für den deutschen Nachkriegsjournalismus noch immer nicht gebührend gewürdigt ist. Ohne den jungen Captain Everett (der eigentlich Walter Eberstadt hieß) hätte Zahn nicht seinen ersten Kommentar gesprochen und wäre nicht kurz darauf schon Leiter der Abteilung »talks and features« geworden; ohne die Rundfunkschule unter der Leitung des vor den Nazis nach England geflohenen und nun wieder zurückgekehrten Alexander Maass hätten viele deutsche Rundfunkleute nicht das Handwerkszeug gelernt, mit dessen Hilfe sie später Karriere gemacht haben und berühmt wurden.

Alle diese Briten, sagt Peter von Zahn, waren keine Dogmatiker, waren es gewohnt, eine Vielzahl von Meinungen nebeneinander gelten zu lassen, fanden es, statt zu bremsen, eher angebracht, »die Deutschen zur Kühnheit zu ermuntern«, zu direkt übertragenen Diskussionen zum Beispiel, wie sie in Deutschland schon in den letzten Jahren der Weimarer Zeit nicht mehr üblich gewesen waren. Der wichtigste von allen war der sagenumwobene Hugh Carleton Greene, der Mann, der aus dem britisch kontrollierten Nordwestdeutschen Rundfunk einen öffentlich-rechtlichen Rundfunk nach dem Vorbild der BBC machen wollte, einen Rundfunk, bei dem die Parteien sowenig wie möglich zu sagen haben sollten, weil »deren Einmischung zu katastrophalen Ergebnissen für die Unabhängigkeit des Journalismus führen würde«, wie er sagte. Sein Plan gelang ihm und er gelang ihm auch wieder nicht: Solange Greene im Land war mit seiner Toleranz und seiner so gar nicht pompösen Art, den Sender mit Hilfe einer Sekretärin und einem Chauffeur zu steuern, war der NWDR offenbar beinahe so etwas wie ein Hort des freien Geistes. Als aber nach 1948 die Deutschen den Sender übernahmen, brauchte man gleich eine Generaldirektion mit mehr als hundert Mitarbeitern und einen Hauptausschuß, in dem vor allem die Vertreter der Parteien das Sagen hatten. Bald wurde aus dem Hauptausschuß ein Verwaltungsrat beim inzwischen selbständigen WDR, der aus hochkarätigen Parteipolitikern und Regierungsmenschen bestand, aus dem Ministerpräsidenten, dem Oppositionsführer, deren Stellvertretern, einem Repräsentanten der FDP natürlich. Die Parteien hatten also beschlossen, daß die beste Freiheit die ist, die sie kontrollieren. Sie sollten den Rundfunk nie mehr aus den Händen lassen.

Was Peter von Zahn selbst anging, so begann er erst richtig berühmt zu werden, als er das tat, was er am besten konnte und am liebsten wollte: »Ich habe mich«, sagt er, »für das Arbeiten entschieden, nicht für die Hierarchie.« Als nächstes arbeitete er im Ruhrgebiet, wo er sich ein kleines Studio aufbaute und der Generaldirektion Schwierigkeiten bereitete, weil er zu gewerkschaftsfreundlich berichtete und

»Ich hätte in die Luft springen können vor Freude«: Zwischen 1951 und 1960 sendet Peter von Zahn einmal wöchentlich Berichte »Aus der Neuen Welt« und wird damit zum Rundfunkstar.

reportierte; einmal, als er sich allzusehr für die Mitbestimmung im Montanbereich einsetzte und schilderte, was passieren könnte, wenn die nicht käme, bezichtigte ihn der Bundesinnenminister Lehr nacheinander in vielen Briefen der »Zersetzung«, »Brunnenvergiftung«, »Wühlarbeit« – ein weiterer Beweis dafür, wieviel die deutsche Politik schon ganz am Anfang der neuen Republik von der Pressefreiheit hielt, deren Schutz sie gerade im Grundgesetz garantiert hatte.

Ein halbes Jahr nach diesem Eklat ging Peter von Zahn als Korrespondent nach Washington, ein wenig als Flüchtling, aber keineswegs als ein trauriger, im Gegenteil: »Ich hätte in die Luft springen können vor Freude«, schreibt er in seinen Erinnerungen: Eine neue Welt würde er beschreiben, eine Welt, ohne die die alte gar nicht verstanden werden könnte. Es begann die ganz große Zeit des Korrespondenten Peter von Zahn. Eines Korrespondenten besonderer Art notabene.

Den Rundfunkkorrespondenten heutiger Art, der immer damit rechnen muß, nachts um drei angerufen zu werden, um in einer Minute dreißig einen Terroranschlag in New York City zu erklären, hat man sich damals noch nicht einmal vorstellen können. Peter von Zahn hätte sich für diese kurzatmige Art, die Welt zu erklären, wenig geeignet – und das hätte auch niemand von ihm verlangt. Was er statt dessen ablieferte, war völlig unverwechselbar, nicht nur wegen seines eigentümlichen Sprechstils, bei dem die Pausen immer an den unmöglichsten Stellen des Satzes eingelegt wurden und die Stimme hochging an den dafür ungeeignetsten Stellen des Wortes. Solange er nur Rundfunk machte, sprach er reine Kommentare, zehn Minuten, 15 Minuten, oder machte längere Features, oft bis zu einer Stunde.

Später, als das Fernsehen hinzukam, war er noch immer vor allem ein Mann des Worts, genauer: der Schreibe. Immer, so sagt er heute, sei er von einer Skizze in seinem Kopf ausgegangen, habe dann ein Feature geschrieben und »das Bild daraufgeplättet«, das für ihn so wichtig gar nicht gewesen sei. Eines seiner Vorbilder war der amerikanische Kollege Edward R. Murrow, der 1952 mit seiner Sendung »see it now« begonnen hatte, aber vor allem sich selbst dabei sehen ließ: auf einem Trümmerhaufen stehend, das Gesicht in die Kamera gerichtet, den Zuschauer so direkt ansprechend wie nur möglich. In Deutschland war das ganz ungewohnt, wurde erst, sagt Zahn, »als eitel und aufdringlich empfunden«. Es war aber, in all seiner Subjektivität, eine ziemlich ehrliche Art des Journalismus: Hier stehe ich, ich kann nicht anders. Und andere würden es wieder ganz anders können.

In seinen großen Zeiten war Peter von Zahn fast so etwas wie die Stimme der Neuen Welt in Deutschland: einer Welt, die man sich zu Hause kaum vorstellen konnte, auf die sich aber gerade deshalb die Träume der Deutschen konzentrierten. In den USA war alles im Überfluß vorhanden, was man hier erst zu erringen hoffte, in den USA fuhren für nur sechs Prozent der Weltbevölkerung 60 Prozent aller Autos, klingelten 58 Prozent aller Telefone der Welt. Von hier aus zu berichten mußte ein Traum sein, schon gar für einen Mann, der weltoffen genug war, sich draußen nicht von deutschen Vorurteilen leiten zu lassen, eher wohl schon von einer fast naiven Bewunderung für das Land der unbegrenzten Möglichkeiten, das ihm die Möglichkeit gegeben hatte, ein Star zu werden.

Es ist fast ironisch, daß der Fernsehreporter Peter von Zahn seine größten journalistischen Chancen gerade zu einer Zeit hatte, in der die technischen Bedingungen mit den heutigen nicht annähernd konkurrieren konnten. Zahns Filme waren schwarzweiß, mußten erst mühsam nach Deutschland geschickt werden, konnten nie auch nur annähernd so aktuell sein, wie das inzwischen die live-Berichte des CNN-Reporters mit seinem elektronischen Sonnenschirm sind. Wahrscheinlich hat man deshalb in seinen Filmen so viel erfahren.

Der Korrespondent hat dann – auch wenn er das selber vielleicht nicht so sehen würde – einen Fehler gemacht, der im Grunde gar nicht zu ihm paßte: Er ging zu nahe heran an die Mächtigen, über die er doch eigentlich berichten sollte. Präzise ging es um einen Mächtigen nicht in Amerika, sondern in Deutschland, um Konrad Adenauer nämlich, den Zahn schon sehr früh nach dem Krieg kennen- und später verehren gelernt hatte, ungefähr so wie ein Sohn den großen Vater verehrt. Es entstand eine Kettenreaktion: Weil von Zahn sich zu dieser Zeit gerade mit seinem Sender nicht mehr so recht verstand, auch immer weniger Lust hatte, sich vor den Bürokraten zu Hause für jeden Flug rechtfertigen zu müssen, machte er sich selbständig und setzte dabei auf Adenauers Deutschland-Fernsehen. Und als aus dem nichts wurde, saß er ein wenig zwischen allen Stühlen.

Ein schlechter Platz war das natürlich auch nicht. Die »Reporter der Windrose«, wie er seine Firma nannte, die nun für ihn und in seiner Person um die Welt fuhren, haben noch viele spannende und weniger spannende Filme gemacht und untergebracht bei den öffentlich-rechtlichen Fernsehsendern und später manchmal sogar bei den Privaten. Manchmal waren die Kritiken mäßig, manchmal gab es Grimme-Preise; wenn insgesamt die Strahlkraft des Reporters von Zahn ein wenig nachließ, lag es an dem teilweise hochbegabten Nachwuchs und sicher auch ein wenig an der politischen Konstellation: Jüngere Kollegen oder auch Redakteure aus den Reihen der SPD fanden Zahns Nähe zur CDU nicht so gut, was diesen wiederum, so ist er gestrickt, erst recht in seiner Haltung bestätigte. Als er auch noch anfing, erst Erhard und dann die Hamburger CDU in Wahlkämpfen zu unterstützen, wurde ihm seine journalistische Unabhängigkeit doch nicht mehr so recht abgenommen; unter anderem auch von solchen Kollegen, die mit Hilfe ihrer Parteizugehörigkeit Karriere gemacht hatten, aber natürlich immer behaupteten, das behindere sie in ihrer Arbeit als Journalisten kein bißchen.

Inzwischen ist Zahns Nähe zur CDU nicht mehr so groß, der Frieden mit der ARD wieder halbwegs hergestellt und überhaupt die Lage ziemlich entspannt, auch was den Nachruhm angeht. Jeder, der überhaupt noch über ein Gedächtnis verfügt, weiß, daß Peter von Zahn Rundfunkgeschichte gemacht hat und Fernsehgeschichte. Wenn es gerecht zugeht, wird irgendwann einmal in Hamburg ein Denkmal enthüllt; auf dem Sockel muß ein Mann stehen mit einem Mantel, den er sich lässig über den Arm gelegt hat. Und wenn es ginge, müßte die Statue zu jeder vollen Stunde ein paar Sätze näseln auf unvergleichliche Art.

Nachwort

Nur der Vollständigkeit halber möchte ich darauf hinweisen, daß das Buch auf Vollständigkeit keinerlei Anspruch erhebt: Weder sind auch nur annähernd alle großen Verleger, Journalisten und Produzenten beschrieben, die es zu beschreiben lohnte, noch sollte der Versuch gemacht werden, mit fünfzehn Porträtskizzen fünfzehn dicke Biographien zu ersetzen. Auch ist das keine Geschichte des deutschen Verlagswesens der Nachkriegszeit auf der Basis einiger Interviews. Das ging schon deshalb nicht, weil viele der großen Medien-Persönlichkeiten dieser Zeit nicht mehr leben. Würden sie noch leben, hätten zum Beispiel Werner Friedmann hierhergehört, der Mitverleger und langjährige Chefredakteur der *Süddeutschen Zeitung*, und Erich Welter, der einflußreichste Herausgeber der *Frankfurter Allgemeinen Zeitung*, Karl Gerold von der *Frankfurter Rundschau* und Axel Springer natürlich, der hier nur noch durch die Augen von Zeitzeugen gesehen werden kann, denen von Günther Prinz und Gerd Bucerius.

Noch ein Wort zu den überregionalen deutschen Zeitungen, deren Protagonisten in dieser Sammlung fehlen, obwohl oder weil sie mir naturgemäß am nächsten stehen. Die *Süddeutsche Zeitung* fehlt schon deshalb, weil ich dafür nicht die nötige Unbefangenheit habe, was in anderer Weise auch für das Konkurrenzblatt aus Frankfurt gilt.

Daß es den beiden Zeitungen FAZ und SZ bisher gelungen ist, ihren Rang zu bewahren, hängt im übrigen nach meiner Meinung mit einer Gemeinsamkeit zusammen, deren sich die beiden Verlage womöglich nicht immer so richtig bewußt sind: Sie sind (wie die *Neue Zürcher*) in unterschiedlicher Weise so konstruiert, daß die Freiheit der Journalisten über die Jahre hinweg einen besonders großen Spielraum